Money錢

Money錢

就·好·了

早點知道

頂尖律師教你

51個

超實用

《金錢法律常識》

建業法律事務所 —— 著

Money錢

目錄

3 共組家庭必知 化解家務事難題

4 買屋、租屋宜先注意 避免後續難解糾紛

5 房產稅金不容小覷 掌握節稅觀念省很大

6 財產繼承——法律篇 儘早規劃有備無患

CONTENTS

序之一 ———————

法律與我們生活息息相關，且扮演著至關重要的角色，但法律的艱澀用語及繁雜瑣碎的條文，對大多數人而言，有如閱讀無字天書般難懂，只要牽扯到法律，大多感到困惑迷惘而避之唯恐不及，甚至損及權利，實非法治國家應有之現象。因此，編纂本書之目的，乃盼以淺顯易懂的解說，從五個主要議題類別，協助社會大眾掌握社會中常見的各種法律爭議。

當代人生活的重心，多半圍繞工作或事業經營，勞資關係及勞工權益不僅是職場的日常核心，也往往是爭議焦點，為利於勞資雙方了解各自的權利義務，並保障權益不受侵害，本書編入雇主和勞工間常見法律議題，釐清責任制之認定、就業服務法修法、求職廣告內容、資遣應注意事項等常見問題。另外，針對常見之稅務問題，例如按每年度須申報之所得稅、買賣方時地之稅負新制、遺產繼承之稅務規劃等，本

書提醒讀者稅賦申報時之注意事項，並如何在遵法合規的前提下，減輕賦稅壓力。

　　另外，對於家事法律議題，本書亦由專業人士之實務經驗觀點，就離婚、子女撫養權、財產分配親屬扶養、資產傳承等相關問題，提出重點解釋與分析，讓讀者輕鬆掌握家事問題的法律脈絡。

　　期待本書能幫助讀者拉近自己與法律的距離，裨益個人權利之保護，以及法制環境的提升。

建業法律事務所所長／當代法律雜誌社社長　王晨桓

序之二 ——————————

生活中我們常須遵守各種法律規範，以保障自身權益及承擔法律責任，本書旨在為讀者提供一個全面且易於理解的法律指南，藉由舉出各式常見案例，幫助大家瞭解有關職場、稅務、家庭、資產傳承和不動產等議題之重要法律知識。

　　職場法律方面，本書將介紹雇主與勞工權益間相關的法律議題，讓讀者能夠正確了解自己的權益和義務。稅務方面，則說明稅務申報及各種稅收政策，並提供關於減免稅額等方面的實用建議和策略，以減輕稅賦壓力，更加活用資產。在家庭及資產傳承方面，因牽涉親情及個人欲望的衡酌，是極為複雜的難題，本書主要著重於最常面臨的婚姻關係、遺產繼承分配等議題。不動產方面，將探討實務上常見之買賣租屋和房地產稅務爭議，以避免不必要的麻煩產生。最後，並綜整常見社會糾紛，以便讀者在日常生活中能夠更好地應對，

防範權益受損。

　　無論是在工作還是生活中，瞭解和遵守法律是每個人的責任和義務，本書即提供全面且實用的法律知識，希望能幫助讀者更加自信、妥善地應對生活上的各種法律問題。

建業法律事務所執行長／法學碩士　張少騰

第 **1** 章

職場在走觀念要有
別等吃了虧才後悔

1-1 保留徵才資訊 勞資糾紛多一層保障

職場新鮮人經常受到徵才廣告吸引而遞送履歷爭取工作機會，但屢屢經過面談才發現，雇主提供的勞動條件有所不同。究竟找工作該留意哪些徵才陷阱？個人的勞動權益要如何維護？

法律小故事 | 徵才訊息與實際福利差很大

　　阿明今年夏天剛從大學畢業，在網路上看到某公司徵求業務，所載明的工作條件和業務獎金非常誘人，決定一試。阿明收到面試通知之後前往該公司，但主管表示要通過 3 個月試用期，才可以依照業績取得業務獎金，且試用期間只能領 6 成薪水，也不能領加班費。主管要求阿明當場決定，否則工作機會將無法保留。

　　阿明算了一下，感覺和在學時期打工所知道的勞動條件不太相同，加上該公司所提出的獎金制度和徵才廣告寫的不一樣，有點疑惑，他想了想，最終決定放棄這家公司的工作機會。

畢業季節過後，為擺脫「畢業即失業」魔咒，許多新鮮人已經開始積極找工作。但市場上仍存有不肖業者，利用職場新鮮人社會歷練不足、急於找工作的心態，先以誇大不實徵才廣告引誘求職者前往應徵，再於勞資條件中加入對求職者不利的陷阱。

為確保職場新鮮人的權益，降低求職過程中可能的風險，畢業生在求職前，最好先透過經濟部公司登記網站的公示資料（findbiz.nat.gov.tw），或者閱覽該公司網頁，了解應徵公司的營業內容、是否合法設立，以及有無負面新聞等。

求職的第一個關鍵在於，千萬別被「徵才廣告」所登載的優渥條件吸引，就冒然答應任職。「**徵才廣告內容不實**」是勞資紛爭常見的導火線；例如徵才廣告標明「薪資高、福利條件佳」，到職後才發現所享有的薪資、福利等條件均與廣告上出入極大。

從法律定性上來說，「徵才廣告」的性質僅係資方對有意願求職者所為的「要約引誘」，最終的勞資條件，還是須**經勞資雙方意思表示合致**才得以成立。換句話說，「徵才廣告」的內容，不一定是勞資雙方最後的勞動條件，這是職場

新鮮人應有的基本認知。

試用期間 員工仍受《勞基法》保障

在阿明的案例中，除了阿明應該向雇主詢問勞動條件，為避免勞資雙方所認定的勞動條件有落差，阿明其實可要求把重要的勞動條件，例如薪資的結構（包括哪一部分計入底薪、哪一部分視為獎金，以及獎金的計算及發放方式等）、工作內容、上下班時間、工作地點等均載明於書面僱傭契約，並由勞資雙方各執一份留存。

也建議求職者，最好把雇主刊登的徵才廣告妥適保存，待日後勞資雙方對勞動條件有爭議、且僱傭契約也沒有妥適約定，那麼這份徵才廣告的內容，即可視為補充勞動條件的有利證據。

至於阿明所面臨的「試用期」問題，是在台灣職場工作常見的狀況，一般求職者因不了解「試用期」的性質，誤認「試用期」的員工非正式員工，不受《勞基法》的保障，對於不肖雇主未對其投保勞健保、給付低於一般基本工資的薪資，或於試用期間未支付任何資遣費即直接請對方走人等不

法行徑不敢吭聲。

《勞基法》並沒有所謂「試用期」的規定，依法院實務見解，勞資雙方固可依工作特性，在不違背契約誠信原則下，自由約定合理的試用期，但在試用期的員工，**仍屬受《勞基法》保障**的受僱人，其勞動條件，如工資、工時、休假、職災與年資計算等權益，仍不得低於《勞基法》相關法令的標準，而雇主就算要資遣試用期的員工，也須符合《勞基法》的相關規定。因此，新鮮人切莫因自己處於「試用期」，而漠視自身在法律上可享有的權利。

| 求職小撇步 **Tips**

❶ 事先對要應徵的公司多做功課

❷ 確認自己的勞動條件

❸ 重要勞動條件宜訂立於書面契約中

1-2 面試問星座、血型 都有隱含「就業歧視」

依照《就業服務法》條文規定，雇主提供的職缺月薪若未達 4 萬元，須公開揭示；另法條也明定雇主不得以星座、血型、黨派、性傾向等與職務無關的標準形成就業歧視，對求職者權益更有保障。

法律小故事 ｜ 雇主面試探隱私 是在面試還是相親？

　　小華在職進修取得碩士學位後，一方面有結婚的打算，一方面也想要轉換工作，以增加收入。小華面試了兩家公司，卻都讓她覺得有點困擾。A 公司網頁徵才只註明底薪至少 3.5 萬元，工作內容與薪資都可面議，主管面試時問了她父母的職業，小華因為不想透露父親在公家機關任職，婉拒說明，也不想回答有關政治立場的問題，讓主管面有不悅。

　　之後小華前往 B 企業應徵，總經理直接問她能否改留短髮比較妥當？又說公司希望單身者，以及某些星座的人來公司衝業務比較適合，希望小華能多配合。小華對這兩次求職面試過程感覺不舒服，只能跟熟識的學長姊抱怨，並請教該如何應對。

就業歧視是指在求職過程或工作時，不能享有相同的工作機會、薪資、升遷、訓練機會等平等待遇。對雇主而言，必須要注意《就業服務法》第 5 條的規定，雇主對求職人或所僱用員工，不得以種族、階級、語言、思想、宗教、黨派、籍貫、出生地、性別、性傾向、年齡、婚姻、容貌、五官、身心障礙或以往工會會員身分為由，予以歧視。

面試官「管太多」 當心踩到地雷

案例中的雇主，似乎對求職的小華有所定見，甚至甄選標準不清已有違反之嫌。想當一個標準的好老闆，建議招聘勞工時，可參考下列原則避免就業歧視。

1. 建立甄選原則：雇主於招聘甄試、培訓、晉升、調職、裁員資遣，以及僱用條款和條件方面有明確的指引。雇主可依據受僱者的工作能力指標為僱用標準，而不是按不相關的因素來評估受僱者的表現。

2. 落實招聘標準：①任何招聘人才啟事，除了必要的僱用條款和條件、福利、設施及服務事項外，禁止將性別、年齡、婚姻、容貌等就業歧視禁止項目列入限制條件內。②雇主應

對負責人才招募者提供教育訓練，以便對應徵者一視同仁，並避免提出一些涉有就業歧視成分的問題。③僱用條款和條件、福利、設施及服務均須遵循同工同酬之原則進用人才。

此外，提醒公司企業招募或僱用員工時，要注意不得有下列狀況：①廣告或揭示內容不實。②違反求職人或員工意願，留置國民身分證、工作憑證或其他證明文件，或要求提供非屬就業所需之隱私資料。③扣留求職人或員工財物或收取保證金。④指派求職人或員工從事違背公共秩序或善良風俗之工作。⑤辦理聘僱外國人之申請許可、招募、引進或管理事項，提供不實資料或健康檢查檢體。

若遭受就業歧視 務必保全證據

至於像案例中的小華面試時所遇到的狀況，依照規定，勞工無論工作或求職遭遇雇主就業歧視對待，得向各地勞動主管機關提起申訴，但建議最好先蒐集證據，因為任何申訴或救濟途徑都講求具體事證，就業歧視案件更有賴於相關書證、物證與人證等資料，以利主管機關檢視。

最後提醒所有雇主，依《就業服務法》規定，為改善雇

主與求職者間之資訊不對等，已將薪資規範納入，明定雇主提供的職缺月薪如果未達 4 萬元，須公開揭示或告知求職者薪資範圍，不能只標示「薪資面議」，如有違反，可處 6 萬元以上 30 萬元以下罰鍰。

此外《就業服務法》也納入星座、血型等非科學依據的就業歧視標準，違反者可處 6 萬元以上 30 萬元以下罰鍰，經處罰鍰者，直轄市、縣市主管機關應公布公司名稱、負責人姓名，並限期令其改善，屆期未改善者將按次處罰，不可不慎。

▌雇主可合法要求這 3 項面試條件 Tips

❶ 與「工作能力」相關的標準

例如要求教育程度、專業證照、過往工作經驗等。

❷ 與「公司營運需求」相關

雇主所限制的事項，如果合理且有必要，例如客運公司應徵司機要求視力狀況，對年紀大的勞工可能會有歧視，但基於企業經營、交通安全考量，此一要求為合理且必須，無逾比例原則，也就不會違法。

❸ 優惠性差別待遇

因要保障弱勢勞工之故，例如將身心障礙者優先錄取，雖然造成差別待遇，但實務上並不會被認定為構成歧視。

1-3 下了班還在工作 責任制誰說的算？

《勞動基準法》設置的「責任制」出發點是為加班上限增添彈性，但部分雇主卻錯用「責任制」概念，造成勞工加班卻無加班費。只要勞工能證明雇主有要求加班之事實，都應依法核算加班費。

法律小故事 | 老闆一句「責任制」小資秘書狂加班

H 小姐在某貿易公司任職 5 年，年初從業務升遷為老闆秘書，雖然公司業務不錯、制度也還可以，但老闆總是把責任制掛在嘴上，交付的工作變來變去，使得 H 小姐經常下班後，還必須留下來加班，或者回家後還要幫老闆重新安排突發行程、核對文件、收發 Email 聯繫國外客戶等。

最近 H 小姐覺得老闆要求的狀況越來越多，起初以為是職務內容必須配合，可是半年來，即使填報加班，老闆始終沒有核發加班費。堅持工作與生活品質均衡，只想做個快樂小資女的 H 小姐，開始思考是不是公司的制度有問題，還是老闆的說法該質疑？

從《勞基法》的角度而言，H 小姐的懷疑是有必要的。自 2018 年上路的新修正《勞基法》，勞工每月加班上限彈性 46 小時不變，單月可調整至上限 54 小時，但 3 個月總加班上限為 138 小時，採總量管制，以利企業淡旺季使用加班時數。

然而實務上，不少企業可能藉著責任制的說法，模糊勞工申請加班費的應有權益。H 小姐的工作任務，如果因為職務異動後，加班狀況頻繁，應該要按時申請，且注意雇主有沒有依照規定如實核發加班費。

很多人誤以為責任制只是一種管理上的說法，其實所謂責任制的定義、限制是有法可依循的。責任制並不違法，但非各行各業都適用，《勞基法》第 84 條之 1 即訂有適用行業與職務別限制。

但是依法適用責任制的公司，就可以自訂規則實施了嗎？提醒適用責任制的企業雇主，跟員工簽訂書面勞動契約時，約定工時、例休假等勞動條件，必須向當地勞工主管機關核備，經審核內容不影響員工健康及福祉範圍後，才可以實施。

3 種適用責任制的行業與職務	
工作類別、職務	舉例說明
監督、管理人員或責任制專業人員	企業主管
監視性或間歇性之工作	保全人員
其他性質特殊之工作	資訊服務業系統研發或維護工程師

資料來源：《勞基法》第 84 條之 1

職務不在法定責任制內 老闆不能要求員工照辦

　　至於 H 小姐的案例該如何處理？ H 小姐的職務內容並不符合《勞基法》所認定的責任制，因此資方不可以單方面主張 H 小姐必須採責任制工作，也就是老闆不能叫 H 小姐照辦，或任意要求所有員工採行責任制，必須回歸一般《勞基法》對工時的規範。

　　另外，從 H 小姐的案例，其實還可延伸有關責任制的幾點基本認識。例如，勞工如果面試時遇到雇主說工作內容要採責任制，不妨先主動了解是否具備「特定職業」、「勞資書面簽約」、「勞工局核備」3 大要件，也要主動詢問與個人權益相關之勞動契約內容。

　　如果企業與員工約定採取責任制，但員工卻不是《勞基

法》第 84 條之 1 所訂行業與職務者，企業就不可以特約排除
《勞基法》延長工時、例休假及女性夜間工作等規定，否則
便是違法。

　　就算勞工真的從事責任制的職務，工作條件也不是老闆
隨便說說就算。經常會有企業以公司「不會給特休假」、「加
班不可請領加班費」、「任何情況都要絕對配合加班」、「不
准請產假」等約定要求責任制員工，特別提醒勞工朋友與企
業雇主要注意，這些說法或者狀況，其實都是違法的。

工作屬性若為責任制 企業應向主管機關核備

　　簡單來說，適用**責任制並不等同於工時無上限**，一旦員
工實際工作超過約定工時，雇主照樣必須依照《勞基法》第
24 條規定給付延長工時的加班費。實務上，只要勞工能證明
雇主有要求加班之事實，縱使是責任制員工，都應依法核算
加班費。

　　此外，企業若得以採行責任制，雇主到底需不需要將勞
資雙方約定的書面契約，送主管機關核備，以免發生勞資之
間簽了合約卻無效，甚至對正常工時的計算產生困擾。由於

此項問題曾出現法院之間看法不同，大法官會議作出釋字第 726 號解釋理由書，其中多數意見認為，基於保護勞工權益立法目的，參考《勞基法》第 84 條之 1 精神，責任制契約「報請當地主管機關核備」是強制規定，企業還是應該將責任制契約完成報備程序，以免影響契約效力。

> **▍延伸閱讀**
>
> 上勞動部官網了解彈性工時規範，維護自己的權益。
> https://bit.ly/2urPuH7
>
>

1-4 上下班途中出車禍 屬職災範圍嗎？

2022 年 5 月施行的《勞工職業災害保險及保護法》對於勞工因執行職務所受傷害做出明確的定義，至於勞工上下班途中所受到的傷害是否能認定為職災，在不同情境下有不同結果。

法律小故事 下班騎車出事 老闆不願提供職災補償

　　小李擔任產品銷售業務員，工作相當認真，平日選擇騎摩托車通勤，也方便跑業務的時候節省時間。某日下班返家途中，小李突然接獲高中同學邀約餐敘，由於許久未見，他決定掉頭改變路線前往赴約，卻不料在途中遭卡車撞擊受到重傷，住院好幾天。

　　事後小李想要申請職業災害保險，但是公司老闆卻認為不屬職災範圍，不願意提供補償，讓小李相當難過。

般民眾與勞工常聽到的職業災害，法律規定的範圍究竟是什麼？上下班途中發生車禍都可以申請職災保險給付嗎？雇主難道就必須無條件提供補償？職業災害在勞動議題討論中經常出現，勞工或上班族卻未必都了解規定，而容易產生錯誤的期待。

在勞工保險相關規定及《勞動基準法》（簡稱「勞基法」）裡均有「職業災害」此一名詞，惟《勞基法》並沒有對職災給予明確的定義，僅第 59 條針對職災導致的死亡、失能、傷害、疾病訂定雇主的補償責任。

不過在 2022 年 5 月 1 日施行的《勞工職業災害保險及保護法》，已經將原《職業災害勞工保護法》及《勞工保險條例》中有關職業災害保險的規定合併納入，對於勞工因執行職務所受傷害亦有明確的定義。

排除私人行為與交通違規 通勤事故才可能算職災

針對勞工上下班途中發生車禍的法律問題，一般多會參酌行政院勞工委員會（80）台勞安三字第 11901 號解釋函意旨：「勞工於上下班途中所生之災害，並非一概認定為職業

災害，必需具備『上下班時間必經途中，無私人行為及違反重大交通法令』，有『相當因果關係』始視為『職業上原因』，而認定為職業災害。」

因此針對案例中小李的情況，就必須檢視其下班後騎車赴約的行為，究竟可否解釋為勞工因執行職務或從事與執行職務相牽連的行為，因而發生疾病、傷害、失能或死亡的結果？倘若經過檢視或證明小李下班後改變通勤路線，沒有直接回家，只是單純和高中同學聚餐，與業務並無相關，很可能就不構成職災條件。

至於勞工通勤中發生事故，須符合何種要件才可能認定為職災？勞工如有肇事責任，是否仍算職災？見解與分析如下：

1.《勞工職業災害保險職業傷病審查準則》第 4 條第 1 項明確規定，被保險人上、下班，於適當時間，從日常居、住處所往返勞動場所，或因從事 2 份以上工作而往返於勞動場所間之應經途中發生事故而致之傷害，視為職業傷害。雖然實務上對於通勤職災是否屬於《勞基法》職災範圍曾有不同見解，但近期實務見解大多認為只要符合傷病審查準則，雇主仍應負補償責任。

2.《勞工職業災害保險職業傷病審查準則》第 17 條規定，被保險人如有 9 種行為，就不得視為職業傷害，其中有 8 項均屬交通違規行為。不過，萬一勞工發生交通肇事責任，只要不是第 17 條負面表列的項目，仍然有機會認定為職業災害，惟是否非負面表列事項，須依個案事實予以認定。

▌9 項行為不得視為職業傷害

《勞工職業災害保險職業傷病審查準則》第 17 條規定，有下列情事之一者，不得視為職業傷害：

❶ 非日常生活所必需之私人行為。

❷ 未領有駕駛車種之駕駛執照駕車。

❸ 受吊扣期間、吊銷或註銷駕駛執照處分駕車。

❹ 行經有燈光號誌管制之交岔路口違規闖紅燈。

❺ 闖越鐵路平交道。

❻ 酒精濃度超過規定標準、吸食毒品、迷幻藥、麻醉藥品及其他相關類似之管制藥品駕駛車輛。

❼ 未依規定使用高速公路、快速公路或設站管制道路之路肩。

❽ 駕駛車輛在道路上競駛、競技、蛇行等危險方式駕駛車輛。

❾ 駕駛車輛不按遵行之方向行駛或不依規定駛入來車道。

1-5 跑外送或是叫外送都該注意自身權益

隨著線上外送平台竄起，餐飲業者與消費者之間，多了「送餐服務」，新型態商業模式崛起，外送員或消費者都要注意自己的權益。

法律小故事｜加入外送行列 擔心沒有保障

　　阿雄待業一段時間，看到最近盛行的外送工作待遇似乎不錯，經朋友介紹，加入外送平台擔任外送員，開始騎著自己的摩托車，依照業者指定方式嘗試送餐。阿雄的父親從公部門退休，對於兒子找到工作覺得應該鼓勵，但也對這個陌生的工作類型感到好奇，不曉得有哪些保障，會不會和訂餐的消費者發生糾紛，於是向阿雄詢問該留意的權益事項。

　　阿雄雖然跑過外務，但送餐工作還是初次接觸，對父親的提問沒辦法回答，只好去請教公司幹部，沒想到主管說的內容讓他聽不懂，阿雄頓時開始有些擔心。

外送餐飲服務原本是餐飲業者自行僱人，或由員工送餐，但近年來台灣從國外引進新的送餐模式——透過線上服務平台媒合餐廳與消費者，進行訂餐與送餐服務，例如從德國進入台灣的 Foodpanda、來自美國的 UberEats 等。隨著外送市場興起，不論是外送平台業者或外送員、消費者，都應留意相關規定以確保自身權益。

案例中阿雄的情況，就涉及外送員與外送平台之間的關係。外送員必須先了解，究竟自己與外送平台是屬於僱傭或承攬關係。例如有的外送平台所招募的外送員，享有月薪及勞保、健保、車險等，外送員受其指揮監督，雙方間應屬僱傭關係。

由於並非每個外送平台都採用上述營運模式，有些採用兼職合作夥伴關係，外送員以接案方式進行外送，該平台即未負擔外送員的勞健保。

不過，依最高法院102年度台上字第627判決認為，「《勞基法》所稱雇主，應從寬解釋，不以事實上有勞動或僱傭契約者為限，凡客觀上被他人使用，為之服勞務而受其監督者，均係受僱人。」因此，此種接案模式的外送平台與外送員間，

仍有可能被認定為僱傭關係。

不論外送員與外送平台間的關係如何認定，最好都應在**任職前先了解自身權益**。例如，於外送過程中如果發生交通事故，能否請求職業災害補償、享有勞健保及車險等權益。勞動部目前已訂「食品外送作業安全衛生指引」，落實交通事故預防及相關勞動權益保障，亦研擬「外送員勞動權益指導原則」。另台北、新北、桃園、新竹、台中、台南、高雄等縣市，都已陸續訂定「外送平台業者管理自治條例」，保障外送平台與外送員的基本權益。

了解外送平台使用條款 訂餐時截圖以保權益

另外也應該注意外送平台與消費者間的權益紛爭。由於各家外送平台 App 的規劃不同，消費者如未留意相關條款，容易造成消費上的糾紛，例如平台常見的優惠券使用限制、等候逾時外送員可銷毀產品、退費規定等。

不只是初任外送員的阿雄，一般消費者在使用線上外送平台時，常因未仔細瀏覽平台條款而引起消費糾紛，因此提醒民眾在使用前務必了解各平台使用條款。最好在**訂餐時截**

圖以保留證據，收到餐點也應當場清點，以保障自身權益。

　　值得注意的是，消費者食用外送餐點，如果發生身體不適或甚至食物中毒，常見餐廳和外送平台互推責任。建議外送平台和餐廳業者應有明確契約條款，釐清責任歸屬，以分辨是製作過程或運送途中所造成的問題。

　　外送平台越來越熱門，也有若干廠商想要加入外送行業，但值得注意的是，2019 年 4 月 26 日衛福部公告修正「應申請登錄始得營業之食品業者類別、規模及實施日期」，明訂物流業等食品業者應申請登錄，以強化資訊掌握。除了餐飲外送業者被納入管理外，未來運輸蔬菜、農產品等食品物流業者及食品業者的倉儲場所也將依規定辦理。

▌ 外送平台常見爭議

❶ **外送員**：確認與平台間是屬於雇傭或承攬關係，前者有勞健保等保障，後者則無。

❷ **消費者**：① 送餐等待過久、② 優惠券使用限制、③ 送來的食物數量與訂單不符、④ 餐點被打翻或品質不佳、⑤ 吃壞肚子、⑥ 退費爭議。點餐前務必了解各平台的使用條款。

　　簡單而言，想從事外送餐飲的業者，多半僅從「汽車貨運業」項目登記，為了避免爭議，建議業者最好另登記「生活用品、生鮮、食品批發零售」、「飲料批發」、「食品批發」等項目，以確保營運合法性，也要注意如果未依照規定辦理，可能會遭主管機關依食安法處罰。

1-6 被資遣別吃虧 一定要知道的 6 大權益

資遣是指雇主依《勞基法》規定，與員工終止勞動契約，但雇主資遣員工時應注意是否符合流程，勞工也應知道如何確保自身權益，雙方能好聚好散，以免將來對簿公堂，分手不愉快。

法律小故事 ｜ 資深員工被公司資遣無所適從

　　甲先生是一家機具製造廠的老闆，公司經營 25 年，雖略具規模但需要轉型，加上自己想要退休養老，決定和另一家較大的公司合併，並調整組織結構和產能，於是依照議約條件，著手規劃資遣部分員工。

　　老員工 A 先生和會計室資深的 B、C 女士被列入此次資遣員工名單，收到通知時 3 人都感到訝異又憤怒。甲先生派主管告知 A 先生是因為無法勝任工作，新的自動化產線環境可能難以配合；另又向 B 與 C 女士說明，公司整併後縮減財會人員編制，請 2 人準備下個月起辦理業務交接。

　　3 位員工年紀已長，遭到資遣恐怕難以維持生活與家庭，又不清楚是否該檢舉老闆違法，打算尋求協助。

公司企業或工廠可能因為營運狀況改變，或者各種意外不可抗力，無法繼續維持而必須資遣員工，但也可能基於管理及效能考量，辭退無法勝任者。在當前勞權意識與勞動法規對勞工諸多保障情況下，資方必須更審慎處理資遣，以免發生不愉快的結果。

案例中 A 先生的狀況，比較容易衍生資遣爭議，而 B 與 C 女士的情形則要看甲先生處理公司合併過程，是否有善盡安置義務。

雇主如果要以《勞動基準法》第 11 條第 5 款，勞工不能勝任工作理由資遣 A 先生，實務上必須符合「最後手段性原則」，也就是雇主已用盡一切方法都無法改善，不得已採用資遣做為最後手段。例如雇主針對考核不佳的員工實施輔導、教育訓練，或是一併為懲戒、調職處分，均無法達到效果，才可以資遣。

至於案例中的甲先生以《勞動基準法》第 11 條第 1 及第 4 款業務性質變更，資遣 B 與 C 女士，實務上認為舉凡業務項目、產品或技術、組織民營化、法令適用、機關監督、經營決策、預算編列、經營事業之技術、方式、手段有變更，

致全部或部分業務、組織發生結構性或實質性改變，都屬於這些範圍。雇主應注意的是，曾有判決認定雇主應善盡安置義務，換言之，案例中的甲先生是否有協助員工以調職或其他方式，設法留用員工，將成為合法與否的判斷參考。

雇主資遣員工 應合法與符合程序

建議雇主，如果真有必要發動資遣，應掌握「合法」及「符合程序」2 大原則。合法的定義如前所述，在程序上則須留意以下 2 點：

1. **預告期**：《勞動基準法》第 16 條規定，雇主應依勞工年資，事先跟勞工預告（工作滿 3 年以上者於 30 日前預告，未滿 3 年者，於 20 日前預告，未滿 1 年者於 10 日前預告），如未依規定預告而終止勞動契約，應給付預告期間的工資。

2. **資遣通報**：依《就業服務法》第 33 條第 1 項規定，雇主應於員工離職 10 日前，通報當地主管機關及公立就業服務機構。如未辦理資遣通報，依法可處 3 萬元以上 15 萬元以下罰鍰。

雇主除應合法資遣及符合相關法規外，也應確保公司權

益，要求離職員工做好交接程序，預防離職員工將公司機密資料帶出或刪除。

員工被公司資遣 須盤點 6 項權益

相對地，勞工也要知道如何確保自身權益，在資遣合法的前提下，進一步確認可以請求的事項有哪些。提醒勞工盤點以下 6 件事：

1. 資遣費：依勞工退休金條例第 12 條核算雇主應給付的資遣費，勞退新制最高以發給 6 個月平均工資為限。另外，勞工應注意在計算時，如果有加班費等工資項目，都應納入計算。

2. 特休未休工資：依《勞動基準法》第 38 條規定，勞工的特別休假，於契約終止而未休之日數，雇主應發給工資，另應留意如果有屬於前一年度遞延，沒有休完的部分，就要用該年度終結前一個月的工資來計算折發工資。

3. 加班補休未休畢工資：《勞動基準法》第 32 條之 1 規定，勞工可選擇補休，資遣契約到期時，如果還有沒休完的補休時數，就要還原為當時加班的各個不同時段，各自計算

不同的加班費發給。

4. 尚未發給或計算的獎金：在職期間尚未發給的獎金、紅利等，勞工是否可以請求，則須視是否有事先與雇主約定上述項目的給付方式。

5. 離職證明書：勞工務必請求公司開立「非自願離職證明書」，才可按月領取投保薪資 6 成的失業給付，另勞工應留意證明書上，雇主不可加註對勞工不利的文字，以免影響找到下個工作的機會。

6. 離職前每 7 日有 2 日的謀職假：依《勞動基準法》第 16 條第 2 項，縱使是資遣，員工依然可以依法要求謀職假。

▌勞工自保這樣做

提醒被資遣的勞工，可要求雇主提供出勤紀錄及工項明細，以確保雇主沒有短發工資或有少給假、沒給加班費等情況。萬一碰到雇主資遣不合法時，可先寄發存證信函給雇主，表達要繼續工作的意願，後續再進一步提出「確認僱傭關係存在」或是「請求資遣費」等訴訟方式，保障自己的權益。

NOTE

搞懂所得如何節稅
別讓荷包大失血

2-1 搞懂報稅 3 問題
報所得就能少繳稅

政府大發減稅紅包，卻有民眾到國稅局報完稅，拿到申報收執聯以後，發現跟想像落差很多，不禁納悶問題出在哪裡？為了明年能少繳稅，一定要搞懂 3 個報稅問題。

法律小故事 ｜ 政府有減稅 卻感覺沒少繳？

　　張先生畢業後工作已經 5 年，今年申報所得稅時，聽鄰居說政府大減稅，報稅前透過試算發現的確可以比往年少繳，心中感到相當高興，但張先生最後看到自己的申報收執聯，卻發現少繳的稅不如原先所想的那麼多。

　　張先生發現，去年因為下半年把婚前購買的老舊小套房賣掉，準備換新房子住，迎接新生寶寶來臨，所以暫時租屋一年緩衝，卻因為列舉扣除額有限制，讓他有點後悔，是否房子賣的時機點不對，反而沒有在所得稅上獲得減免。

　　平日愛精打細算的張太太，也對先生申報的方式存疑。張先生覺得不是辦法，想找會計師朋友問清楚，看明年度能否找對方法聰明節稅。

自 2019 年大幅增加的免稅額與可抵稅稅額，讓民眾很有感。許多社會新鮮人剛有收入，卻常以為自己可以退稅，也不太熟悉列舉扣除的方式。不少民眾即使每年報稅前都會重新看規定，但有 3 個報稅問題，仍未必很有把握。

問題 1：什麼情況可退稅？

這是民眾最常有的疑問，我們可以將綜所稅的公式拆成 3 個部分來看：

① 申報戶所得總額－免稅額－扣除額＝所得淨額
② 所得淨額 × 稅率＝應繳稅額
③ 應納稅額－（扣繳稅額＋可扣抵稅額）＝實際繳納或退還稅額

當有扣繳稅額或可扣抵稅額時，就有機會退稅，可從③的公式算出實際繳納或可退還的稅額。

問題 2：扣繳或扣抵怎麼來？

通常最容易「卡關」的問題就在於，什麼樣的情況下會產生扣繳稅額或可扣抵稅額，以簡單案例說明：

扣繳稅額 大部分民眾的扣繳稅額是來自薪資或租金扣繳。

1. 薪資扣繳：每月固定薪資在 8 萬 4,501 元以上（每年起扣標準會有不同），公司須按「薪資所得扣繳稅額表」（每年起扣標準不同）幫員工代扣稅金。如薪資未達起扣標準，也可請公司每月代扣部分金額。

2. 租金扣繳：房東出租房子給營業人，每次收取租金超過 2 萬元者，營業人須幫房東扣繳 10% 的稅金。

可扣抵稅額 申報股利所得，如選擇併入綜所稅合併計算者，可扣抵稅額為分配股利的 8.5%。

有些人會申報扶養，希望能退稅，但要提醒的是，有「扣繳稅額」或「可扣抵稅額」，才符合可能退稅的條件。多申報扶養親屬而增加的免稅額及扣除額，僅能用來減少前面公式①的所得淨額，如果沒有「扣繳稅額」及「可扣抵稅額」，縱使所得淨額變為負數，只是不用繳稅，並無稅可退，這點要特別注意。

問題 3：該選標準或列舉扣除額？

一般民眾看到「標準扣除額」和「列舉扣除額」，可能

又要頭痛一次，不曉得如何分辨。綜所稅的扣除額分為 3 種：標準扣除額、列舉扣除額及特別扣除額，其中標準扣除額及列舉扣除額只能 2 擇 1：

標準扣除額 以 2023 年為例，單身者扣除 12 萬 4 千元，有配偶者扣除 24 萬 8 千元。標準扣除額只看申報納稅人本人為單身或是夫妻合併申報，不是看一申報戶裡有多少人，免稅額才是以申報人數計算。

列舉扣除額 列舉可扣除的費用有 6 種：捐贈、保險費、醫藥及生育費、災害損失、購屋借款利息、房屋租金支出。其中「購屋借款利息」及「房屋租金支出」僅能 2 擇 1 扣除，所以從張先生的案例來看，只能選擇申報去年上半年支付的購屋借款利息，或者下半年的租金，如果沒有選對，可能就省不了太多稅金了。

至於健保的保險費是屬於列舉扣除額中的保險費，因為大部分民眾的列舉扣除額不會超過單身 12 萬 4 千元、有配偶 24 萬 8 千元，所以建議申報時選擇「標準扣除額」才划算。

2-2 股利所得報稅 省稅有技巧

依現行《所得稅法》規定，股利所得申報有兩種形式，投資人可以選擇對自己較有利的方式報稅。比較全戶股利所得的總額，才知道合併計稅或分開計稅比較省稅。

法律小故事 | **股利有斬獲** 怎麼報稅最划算？

　　李美麗是家中大姊，從小擅長持家理財，5 個弟妹當中，就屬大弟和么妹最愛跟著她打轉，甚至連投資理財都要學。

　　為了節稅把更多錢拿去投資，李大姊早早就把兩人找來，討論股利如何申報綜所稅比較省稅，但 3 個家庭所得及投資狀況不同；大姊夫妻兩人已經退休，除了靠收房租當固定收入，手邊也擁有多檔高價股票，去年獲利可觀；大弟夫妻倆薪水高，但投資比較固定；李小妹和先生則分別是小公司幹部和業務，對股票投資也有所斬獲。大姊對於股利稅制不是很有把握，請小妹去詢問專家，希望能有效節稅。

依現行制度，股利所得可以採用 2 擇 1 的方式，讓股東們自行選擇較有利的方式課稅。許多投資股票的民眾都在試算該採合併計稅，還是將股利所得以單一稅率分開計稅比較划算？

建議民眾在報稅之前，可以先建立一個簡單的計算觀念和技巧，就是選擇計稅方式之前，先統計全戶的「股利所得」及「其他類別所得淨額（指「全戶總所得」減去「全戶股利所得」及「全戶扣除額及免稅額」）」，將兩者金額相加後，以 472 萬元為分界（年所得淨額逾 472 萬元者適用稅率 40%），如此一來就比較容易判斷必須採取什麼方式計稅較為划算。

以李家 3 人的案例來說，小妹的情況是屬於比較常見的一類。這類報稅戶以合併計稅方式計算時，綜合所得稅率在 30%（含）以下，採用合併計稅會比較划算。許多小資族，或者投資股票股利所得不多的民眾，都可以採用這個基礎來考量。

進一步模擬 3 人的情況，試算如下。

試算 1

李小妹全戶股利所得 200 萬元，其他類別所得淨額（已扣除免稅額及扣除額）250 萬元。

合併計稅

450 萬 ×30% － 392,000（累進差額）－ 80,000（可抵減稅額）= 878,000 元

說明：可抵減稅額 = 200 萬 ×8.5% = 17 萬（因可抵減稅額上限為 8 萬元，故只能減除 8 萬元。）

分開計稅

200 萬 ×28% = 560,000 元
250 萬 ×20% － 140,000（累進差額）= 360,000 元
合計：920,000 元

合併計稅節省 42,000 元。
由李小妹案例可知，即使合併計稅的稅率高達 30%，仍是採合併計稅較划算。至於李大弟和李大姊如果都屬於高所得家庭，也就是合併計稅時，全戶綜合所得稅率為 40% 者，就必須透過計算選擇較適合的計稅方式。

試算 2

李大弟夫妻全戶股利所得 80 萬元，其他類別所得淨額（已扣除免稅額及扣除額）400 萬元。

合併計稅

480 萬 ×40% － 864,000（累進差額）－ 68,000（可抵減稅額）= 988,000 元

說明：可抵減稅額 = 80 萬 ×8.5% = 68,000

分開計稅

80 萬 ×28% ＝ 224,000 元

400 萬 ×30% － 392,000（累進差額）＝ 808,000 元

合計：1,032,000 元

合併計稅節省 44,000 元。

經過試算之後發現，李大弟如果採合併計稅申報，可以節省 44,000 元，差距不小。這是因為李大弟的股利所得不像姊姊和妹妹那麼多，要仔細算過才知道省稅的方法。

試算 3

李大姊夫妻全戶股利所得 600 萬元，其他類別所得淨額（已扣除免稅額及扣除額）100 萬元。

合併計稅

700 萬 ×40% － 864,000（累進差額）－ 80,000（可抵減稅額）＝ 1,856,000 元

說明：可抵減稅額＝ 600 萬 ×8.5% ＝ 51 萬（因可抵減稅額上限為 8 萬元，故只能減除 8 萬元。）

分開計稅

600 萬 ×28% ＝ 1,680,000 元

100 萬 ×12% － 39,200（累進差額）＝ 80,800 元

合計：1,760,800 元

分開計稅節省 95,200 元。

李大姊若採取分開計稅，可以節省 95,200 元，兩種方式所要繳納的稅額，差異相當可觀。

針對綜合試算結果，提出一個簡單的結論：全戶總所得（股利所得＋其他類別所得淨額）稅率為 30% 以下的民眾，採用合併計稅較划算；全戶總所得稅率為 40% 者，才需要透過計算選擇計稅方式，且股利所得占所得比例越高者，越適合採用分開計稅，李家大姊就屬於這種類型。

112 年度綜合所得稅速算公式	
級別	綜合所得稅淨額 × 稅率－累進差額＝全年應納稅額
1	56 萬元以下 ×5% － 0 ＝全年應納稅額
2	56 萬 01 元～ 126 萬元 ×12% － 39,200 ＝全年應納稅額
3	126 萬 01 元～ 252 萬元 ×20% － 140,000 ＝全年應納稅額
4	252 萬 01 元～ 472 萬元 ×30% － 392,000 ＝全年應納稅額
5	472 萬 01 元以上 ×40% － 864,000 ＝全年應納稅額

說明：此表未包含股利所得「可抵減稅額」部分。

股利合併計稅 vs 分開計稅

❶ **合併計稅**：將股利併入綜合所得總額課稅，按股利的 8.5% 計算可抵減稅額，每戶可抵減稅額上限為 8 萬元。因此每戶全年股利所得約在 94 萬元以下者，可全額抵減稅額。

❷ **分開計稅**：股利以單一稅率 28% 分開計算稅額，再與其他類別所得計算的應納稅額合併報繳。

　　一般民眾可以先行試算，如果是公司大股東，或者持有多種股票的投資人，更可以多請教會計師等專業人士的意見，聰明省稅。

2-3 選對扣除額選項 家庭所得稅省更多

「納稅者權利保護法」的用意是保障納稅者權益，其中規定了人民基本生活所需費用不得課稅，在每年申報個人所得稅時得適用，有哪些族群可受惠？

法律小故事 ｜ 扶養一家子 怎麼報稅最有利？

　　吳先生和張先生是某家民間公司業務部門同事，吳先生一家 6 口，夫妻兩人都在工作賺錢，扶養父母及兩個孩子，張先生則是一家 3 口，由他負責工作賺錢，老婆在家照顧兩歲兒子。

　　受到新冠肺炎疫情衝擊，兩人的業績不僅下滑，收入也銳減，除了緊縮家用開銷因應，也在討論納稅新制是否對於減稅有些助益。過程中吳先生發現，「基本生活費」不課稅政策，對於扶養人口數較多的家庭似乎很有幫助，但因為不太熟悉其定義，也不知可扣除金額究竟該如何計算，決定詢問會計師友人。

我國於 105 年 12 月經立法院三讀通過「納稅者權利保護法」，並於同年 12 月 28 日開始施行，以維護納稅者權利，實現課稅公平及貫徹正當法律程序。其中對於納稅者原先在稅捐稽徵法的權利，另外由專法保護。簡單來說，主要的精神之一，就是國家不應該為了課稅，而侵害到人民生活的基本開銷。

針對該原則，財政部自實施日起，每年都會參照行政院主計總處所公布，最近 1 年每人可支配所得中位數的 60%，來訂定人民生活基本費用。至於該怎麼套用在綜所稅中，一般在計算綜合所得淨額時，是用以下的算式進行：

> 綜合所得淨額＝
> 總所得－免稅額－一般扣除額（標準或列舉扣除額）－特別扣除額

但是若將當年度公告的每人基本生活費用金額，乘以納稅者本人、配偶及受扶養親屬人數後的總額，超過免稅額及扣除額，差額可自申報戶當年度綜合所得總額中減除。

簡單來說，就是先算出一個納稅家庭的基本生活費總數，

超過「**免稅額＋扣除額**」的差額部分可再額外扣除。

扶養親屬越多 善用基本生活費可節稅

　　案例中的吳先生與張先生，兩個家庭扶養人數不同，結果可能會有些差異，申報以前可先試算以什麼方式辦理會比較有利。就吳先生家庭來說，他與太太兩人都在工作，夫妻

吳先生一家**6**口的綜所淨額計算如下（以 111 年稅制為例）

❶ 免稅額＋扣除額
免稅額（9.2 萬元 × 6 人）＝ 55.2 萬元
標準扣除額（12.4 萬元 × 2 人）＝ 24.8 萬元
儲蓄投資特別扣除額＝ 3 萬元
幼兒學前特別扣除額（5 歲以下 1 人 12 萬元）＝ 12 萬元
薪資特別扣除額（1 人 20.7 萬元）＝ 41.4 萬元
合計共 136.4 萬元

❷ 基本生活費：
19.6 萬元 × 6 人＝ 117.6 萬元

❸ 基本生活費－（免稅額＋扣除額）之差額（計算差額時扣除額不含薪資特別扣除額）：
117.6 萬元－ 95 萬元＝ 22.6 萬元

❹ 綜所淨額：
總所得 150 萬元－（免稅額＋扣除額）136.4 萬元－差額 22.6 萬元＝ 0 萬元

除了扶養 8 歲及 3 歲的孩子，還有年齡皆為 68 歲的父母親。一戶共 6 口人，家庭總所得為 150 萬（包含兩夫妻薪水共 120 萬元）。至於張先生一人賺錢扶養老婆及 2 歲的孩子，家庭總所得為 105 萬（包含張先生薪水 96 萬元），因須負擔房貸，張先生選擇使用列舉扣除額。

以上述案例來看，**基本生活費的扣除額對於家庭人數較**

張先生一家 **3** 口的綜所淨額計算如下

❶ 免稅額＋扣除額
免稅額（9.2 萬 × 3 人）＝ 27.6 萬元
列舉扣除額＝ 32 萬元
儲蓄投資特別扣除額＝ 3 萬元
幼兒學前特別扣除額（5 歲以下 1 人 12 萬元）＝ 12 萬元
薪資特別扣除額（1 人 20.7 萬元）＝ 20.7 萬元
合計共 **95.3 萬元**

❷ 基本生活費：
19.6 萬元 × 3 人＝ 58.8 萬元

❸ 基本生活費－（免稅額＋扣除額）之差額（計算差額時扣除額不含薪資特別扣除額）：
58.8 萬元－ 74.6 萬元＝ –15.8 萬元

❹ 綜所淨額：
總所得 105 萬元－（免稅額＋扣除額）95.3 萬元－差額 0 萬元
＝ 9.7 萬元

多，且一般扣除額選用標準扣除額的家庭較為有利，吳先生一家 6 口就是這樣的情況。因此扶養親屬越多，更適合先從基本生活費的試算當中，找到有利的減稅優惠。

至於一般扣除額選用列舉扣除額者，大部分都是負擔房貸的家庭，列舉扣除額的金額超過標準扣除額（一般夫妻家庭標準扣除額為 24 萬元），導致基本生活費與一般扣除額的差額變小，所以對張先生來說節稅的效果相對不大。類似的小資家庭或者單身者，也比較不適合這樣的計算。

2-4 夾心族可善用 2 類扣除額節稅

政府為減輕家庭長照及育兒支出負擔，近年來在個人綜合所得稅中，增加了「長照特別扣除額」及「幼兒學前教育特別扣除額」，符合相關條件者可多加善用以節省稅金。

法律小故事 ｜ 三明治家庭負擔重盼減稅

　　陳先生與太太是雙薪家庭，兩人年薪合計約 180 萬元，忙碌的工作之外，夫妻倆還須扶養陳先生的爸爸（72 歲）、陳太太的媽媽（68 歲）及 3 歲的兒子。陳先生的爸爸身體硬朗，與兒媳、孫子同住，陳太太的媽媽則因為中風需要照護（領有身心障礙手冊），住在私人長照機構。

　　陳先生夫妻兩人平常生活必須精打細算，妥善規劃支出，將兩老照顧好，且讓兒子的學齡前教育有好的品質，負擔不輕；聽聞申報所得稅有相關的特別扣除額，但不確定是否適用。

財政部從 2019 年修正《所得稅法》第 17 條，增加了「長期照顧特別扣除額」（以下簡稱長照扣除額），根據財政部統計，2020 年約有 34 萬人申報此項扣除額而受益，在申報所得稅時勢必成為民眾關注的項目之一。

納稅義務人在申報長照扣除額之前，應該先留意一下家中所照顧的長輩，是否符合適用對象規定，以及有無排除的條件，包括以下情況：

長照扣除額的適用對象，家中長輩有下列情形之一者：

1. **看護照顧**：家裡有聘僱外籍看護工者。

2. **長服照顧**：經評估失能等級為第 2 級至第 8 級，且使用長期照顧給付及支付服務者。

3. **機構照顧**：入住住宿式服務機構全年累計達 90 天者。

4. **在家自行照顧**：符合特定身心障礙重度（或極重度）等級項目，或鑑定向度之一，或經醫療機構評估符合聘僱外籍看護工資格者。

另外，須注意排富條款，有以下任一條件者，不適用長期照顧特別扣除額：

1. 綜合所得稅適用稅率 20% 以上：在減除幼兒學前特別

扣除額及長照扣除額後,全年綜合所得稅適用稅率仍在 20%
以上,或者採本人或配偶的薪資所得或各類所得分開計算稅
額,適用稅率在 20% 以上者。

2. 股利按 28% 稅率分開計稅。

3. 按 20% 課徵基本稅額:依所得基本稅額條例計算之基
本所得額,超過規定的扣除金額 670 萬元。

若家中有符合適用條件的長輩,每人可扣除 12 萬元。另
外,由於長照扣除額可與身心障礙特別扣除額一併適用,因
此,若是需要長期照顧的長輩同時領有身心障礙證明,亦可
再扣除身心障礙特別扣除額 20 萬元。

排富條款原則下 育有 5 歲以下子女可減稅

針對案例中陳先生與太太的情況可以發現,陳家不僅適
用長照扣除額,還可以加上「幼兒學前教育特別扣除額」,
也就是家中有 5 歲以下子女者,每人可扣除 12 萬元。當然,
包括陳家與一般納稅義務人也要注意排富條款的條件,此和
長照扣除額相同。

依此原則試算陳家的綜合所得稅申報情形如下(本篇以

112 年申報綜合所得稅之免稅額、扣除額、基本生活費計算稅金，各年度適用之數額不同，計算時需以當年度數額進行試算）：

步驟 1 計算「基本生活費差額」

基本生活費＝ 196,000 元×5 人＝ 980,000 元
基本生活費差額＝ 980,000 元－免稅額（**說明 1**）506,000 元－標準扣除額（**說明 2**）248,000 元－特別扣除額（**說明 3，此部分不含薪資特別扣除額**）447,000 元＝ –221,000 元

因基本生活費差額為負數，所以檢視「綜合所得淨額」時，不得減除基本生活費差額。

步驟 2 檢視「綜合所得淨額」

薪資所得 180 萬元－免稅額 506,000 元－標準扣除額 248,000 元－特別扣除額 861,000 元（**說明 3**）－基本生活費差額 0 元＝ 185,000 元

步驟3 **計算「綜合所得稅金」**

綜合所得淨額 185,000 元 ×5% ＝ 9,250 元

從以上的結論分析得出，陳家的綜合所得稅率為 5%，是在 20% 的級距以下，符合長期照顧特別扣除額及幼兒學前教育特別扣除額的條件，故得以多扣 24 萬元的扣除額，算下來足足多省了 9,250 元的稅金。若陳家另有房貸，亦可計算列

說明1

免稅額（每人 92,000 元，扶養年滿 70 歲以上直系親屬為 138,000 元）
92,000 元 ×4 人 ＋ 138,000 元 ×1 人 ＝ 506,000 元

說明2 **標準扣除額**

單身 12.4 萬元、有配偶為 24.8 萬元

說明3 **特別扣除額**

❶ 薪資特別扣除額：每人 20.7 萬元，薪資 1 年未達 20.7 萬元者，按其申報薪資數扣除，陳先生跟太太兩人共可扣除 41.4 萬元。
❷ 長期照顧特別扣除額：陳太太的媽媽符合長照條件，可扣除 12 萬元。
❸ 身心障礙特別扣除額：陳太太的媽媽領有身心障礙手冊，可再扣除 20.7 萬元。
❹ 幼兒學前教育特別扣除額：5 歲以下子女，每人可扣除 12 萬元。
❺ 以上特別扣除額合計共 86.1 萬元。

舉扣除額是否超過標準扣除額的 24.8 萬元，假如列舉扣除額金額較高，則選擇列舉扣除額會更划算。

民眾在 5 月納稅季節來臨之前，可以先檢視一下家裡的長輩與子女現況，是否符合這兩項特別扣除額條件，幫自己省下稅金，減輕一些負擔，善用政府減稅的美意。

列舉扣除額、特別扣除額及基本生活費說明			
類別	列舉扣除額	特別扣除額	基本生活費
項目	・捐贈 ・人身保險 ・醫藥及生育費 ・自用住宅購屋借款利息（房貸） ・房屋租金支出 ・災害損失	・薪資所得特別扣除額 ・身心障礙特別扣除額 ・幼兒學前特別扣除額 ・教育學費特別扣除額 ・儲蓄投資特別扣除額 ・長期照顧特別扣除額	每人 196,000 元 基本生活費總額 ＝ 196,000 元 × 人數
備註	「自用住宅購屋借款利息」、「房屋租金支出」此 2 項目僅能擇一使用	―	基本生活費差額＝基本生活費總額－免稅額－標準扣除額－特別扣除額（薪資特別扣除額不算入）

2-5 善用 10 項免稅及其他不列所得項目

因 2020 年期間受新冠病毒疫情衝擊,政府宣布該年綜所稅申報截止日期延至 6 月底,對許多民眾來說相當有感,因可多些財務支出的緩衝期,但還有沒有更多節稅的方法,能讓荷包省點錢呢?

懂得節稅就能少繳稅。提醒在申報綜合所得稅時,善用免稅或其他不計入所得額的項目,即可達到節稅效果。納稅義務人不妨先檢視自己是否符合其中條件,包括許多人透過網路拍賣,出售家中二手衣物或家具的小額所得,或者勞工加班限度內支領的加班費,其實不須繳稅,這些也是許多人可能忽略,或者較為不清楚的規定。

以下列舉 10 項與一般人相關,可免稅或不用計入所得額的項目,供讀者參考:

1. 賠償金、撫卹金或死亡補償

依《所得稅法》第 4 條第 1 項第 3 款、第 4 款規定,傷

害或死亡之損害賠償金、依國家賠償法規定取得之賠償金，以及個人因執行職務而死亡，其遺族依法令或規定領取之撫卹金或死亡補償，均免納所得稅。

例如勞工獲得公司賠償，屬於損害賠償性質，免納所得稅；但是如果遇有經法院刑事判決確定構成《刑法》詐欺罪案件，被害人所獲賠償金或和解金加計原取得之利得，超過未取回之投資本金部分，還是要計入其獲償年度之所得課徵綜合所得稅。

2. 具有強制性質儲蓄存款的利息

例如聘僱人員依「各機關學校聘僱人員離職儲金給與辦法」規定提撥的自提儲金及所領取的離職儲金及其孳息，免徵所得稅。

3. 人身保險、勞工保險及軍、公、教保險之保險給付

《所得稅法》第 4 條第 1 項第 7 款規定人身保險、勞工保險及軍、公、教保險之保險給付免納所得稅。

或者個人依國民年金法規定領取的老年年金給付、身心障礙年金給付、喪葬給付及遺屬年金給付，屬於保險給付，免納所得稅。

4. 出售土地或家庭日常使用衣物、家具所得

《所得稅法》第 4 條第 1 項第 16 款規定「個人及營利事業出售土地，或個人出售家庭日常使用之衣物、家具，儲備戰備物資而處理之財產，其交易之所得免納所得稅。」

在出售土地部分，《所得稅法》第 4-4、4-5 條規定，個人及營利事業自 2016 年 1 月 1 日起交易之房屋、土地有下列情形之一者，免納所得稅。但符合第 1 款規定者，其免稅所得額，以按第 14 條之 4 第 3 項規定計算之餘額不超過 400 萬元為限：

① 個人與其配偶及未成年子女符合下列各目規定之自住房屋、土地：

· 個人或其配偶、未成年子女辦竣戶籍登記、持有並居住於該房屋連續滿 6 年。

· 交易前 6 年內，無出租、供營業或執行業務使用。

· 個人與其配偶及未成年子女於交易前 6 年內未曾適用本款規定。

② 符合農業發展條例第 37 條及第 38-1 條規定得申請不課徵土地增值稅之土地。

③ 被徵收或被徵收前先行協議價購之土地及其土地改良物。

④ 尚未被徵收前移轉依都市計畫法指定之公共設施保留地。

另外，一般民眾經常以網拍將家中衣物、家具售出，財政部即曾於「網路交易課稅專區」聲明：以營利為目的、採進、銷貨方式經營，透過網路銷售貨物或勞務者，必須依法課稅。但如果網路賣家是透過拍賣網站出售自己使用過後的二手商品，或買來尚未使用就因為不適用而透過拍賣網站出售，均不屬於上述必須課稅的範圍。

5. 因繼承、遺贈或贈與而取得的財產

《所得稅法》第 4 條第 1 項第 17 款規定，因繼承、遺贈或贈與而取得之財產免納所得稅，但取自營利事業贈與之財產，不在此限。

個人依國民年金法規定領取之老年基本保證年金、身心障礙基本保證年金及原住民給付，係屬政府之贈與，免納所得稅。

另外，因應新冠病毒疫情，依「嚴重特殊傳染性肺炎隔

離及檢疫期間防疫補償辦法」第 3 條規定，發給個人之防疫補償，核屬政府贈與，免納所得稅。

6. 個人稿費、版稅及講演的鐘點費收入

《所得稅法》第 4 條第 1 項第 23 款規定，個人稿費、版稅、樂譜、作曲、編劇、漫畫及講演之鐘點費收入免納所得稅，但全年合計數以不超過 18 萬元為限。

一般民眾因翻譯書籍、文件而取得的翻譯費，及因修改、增刪、調整文稿之文字計給之酬費，非屬薪資所得，可免納所得稅。

7. 證券或期貨交易所得

《所得稅法》第 4-1、4-2 條規定，證券交易所得停止課徵所得稅，依期貨交易稅條例課徵之期貨交易所得，亦暫行停止課徵所得稅；交易損失均不得自所得額中減除。

但財政部網站「證券交易所得課稅專區」提醒，營利事業之證券交易所得仍維持按所得基本稅額條例規定課徵基本稅額（亦即適用最低稅負制）。

8. 加班費、伙食費

依《勞動基準法》第 24 條規定「延長工作時間之工資」

及第 32 條規定「每月平日延長工作總時數」（雇主延長勞工之工作時間連同正常工作時間，一日不得超過 12 小時，延長之工作時間，一個月不得超過 46 小時）限度內支領之加班費，可免納所得稅。國定假日、例假日、特別休假日之正常工作時間雖亦屬加班，但不計入上述免稅標準之總時數內。

自 2015 年 1 月 1 日起，非屬航運業或漁撈業之營利事業及執行業務者實際供給膳食或按月定額發給員工伙食代金，每人每月伙食費，包括加班誤餐費，在 2,400 元內，免視為員工之薪資所得。超過部分，如屬按月定額發給員工伙食代金者，應轉列員工薪資所得；如屬實際供給膳食者，除已自行轉列員工薪資所得者外，不予認定。

9. 額度內自願提繳的退休金或年金保險

《所得稅法》第 14 條第 3 類第 5 款規定，依勞工退休金條例規定自願提繳之退休金或年金保險費，合計在每月工資 6% 範圍內，不計入提繳年度薪資收入課稅。

10. 扶養親屬

納稅義務人扶養親屬符合下列條件者，每人免稅額 92,000 元（2022 年）：

　　①納稅義務人及其配偶之直系尊親屬，年滿 60 歲，或無謀生能力，受納稅義務人扶養者。其年滿 70 歲受納稅義務人扶養者，免稅額增加 50%（即 138,000 元）。

　　②納稅義務人之子女未滿 18 歲，或滿 18 歲以上而因在校就學、身心障礙或無謀生能力受納稅義務人扶養者。

　　③納稅義務人及其配偶之同胞兄弟、姊妹未滿 18 歲，或滿 18 歲以上而因在校就學、身心障礙或無謀生能力受納稅義務人扶養者。

　　④納稅義務人其他親屬或家屬，合於《民法》第 1114 條第 4 款及第 1123 條第 3 項之規定，未滿 18 歲，或滿 18 歲以上而因在校就學、身心障礙或無謀生能力，受納稅義務人扶養者。

2-6 勞退金怎麼領最省稅？

對於一些要退休的民眾，勞退金可能還是舊制，如果沒有轉成新制，依照規定，退休金只能一次領取，不可按月領。然而無論是適用新制或舊制，都有可能需要繳稅。

 選錯退休金領取方式 可能要多繳稅

　　60 歲的張先生和 59 歲的王先生是多年一起爬山的老朋友，某次爬山的過程中兩人為了退休金的領取方式討論許久。在科技公司上班的張先生年資 35 年，勞退帳戶內已累積 700 萬元的退休金，打算近期內退休的他傾向選擇按月領取退休金，王先生則是考慮把舊制帳戶裡的退休金轉移到新制帳戶中，等明後年退休時一次領取。

　　擔心領取方式選錯，可能會在退休隔年申報年度所得稅時，因為超過退職所得的免稅額而必須繳稅，兩人決定詢問專家友人，再決定怎麼做比較好。

辛勤工作一輩子，勞工們最關切的無非是退休金能領到多少錢，是實拿還是會扣稅？一般勞工基本上都會有兩筆退休金來源，也就是勞工保險老年給付（勞保）和勞工退休金（勞退）。其中勞保是由勞工保險局支付的老年給付，是屬於人身保險給付，可以全額免稅。勞退則屬於個人綜合所得稅中的退職所得，**請領勞退時所得金額若超過免稅範圍，就有可能需要繳稅。**

民眾可透過勞保局的 e 化服務系統查詢自己的投保金額、年資等相關資料，亦可以試算退休金金額，適用新制勞工退休金的民眾可以試算看看按月領或是一次領，何種方式較好。確認退休金的金額後，再依照下列公式計算看看自己的退職所得是否在免稅範圍內。

以案例中的張先生而言，若選擇一次提領 700 萬元的退休金，上勞保局網站查詢投保資料，會顯示他的投保年資為 35 年，所以張先生於退休後的隔年 5 月申報個人綜所稅時，須申報退職所得 21 萬元，計算方式為：一次領的免稅金額為 18.8 萬元 × 年資，所以張先生的免稅額為 658 萬元，退休金 700 萬元已超過免稅額，所得須半數課稅，也就是（700 萬－

658 萬）×0.5 = 21 萬元。

張先生的課稅稅率則是按當年度的綜合所得稅率計算，若張先生與家人合併申報後，綜合所得稅稅率為 30%，退職所得 21 萬元的部分就要按 30% 稅率累進課稅。

但張先生若選擇按月領取退休金，勞保局試算網站顯示每個月可領取 5 萬元的退休金，一年領取的總額為 60 萬元，在免稅額 81.4 萬元的範圍內，所以選擇月領勞退金對張先生比較有利。

領取勞退金時，究竟該選擇一次領還是月領比較省稅，根據每個人年資及投保金額的不同，試算結果也會不同，勞工朋友不妨先使用健保卡或自然人憑證至勞保局網站試算退休金，再依據稅率公式做評估，答案自然呼之欲出。

退職所得課稅基準		
領取方式	一次領	按月領
免稅	退休金金額＜18.8 萬元 × 年資	全年領取總額＜81.4 萬元
半數課稅	18.8 萬元 × 年資＜退休金金額＜37.7 萬元 × 年資	—
全數課稅	退休金總額減 37.7 萬元 × 年資之後的餘額	全年領取總額減去 81.4 萬元之餘額

NOTE

第 3 章

共組家庭必知
化解家務事難題

3-1 未婚夫揹債 婚後妻如何自保？

舊《民法》時期，「夫債妻還」或「妻債夫還」的情況屢屢出現。但 2012 年早已經過修法，民眾若擔心婚後自己的財產遭強制執行，除了可清楚彼此財務狀況外，還要約定好財產制，便能保障自己的權益。

 男有債未清 女擔心婚後受牽連

　　A 先生幾年前與朋友合開公司，並以董事名義替公司購買不動產及貸款，同時擔任連帶保證人。豈料公司經營不善欠了債，公司房子遭法拍後，還有不足額與部分貸款未清償，銀行透過法院把 A 先生的私人帳戶存款扣走。

　　A 先生年底想結婚，未婚妻 H 小姐發現 A 先生揹有保人債務與房貸欠款，卻又不願放棄姻緣，因此 H 小姐在網路上求解，擔心辛苦攢錢買來自住的小套房，婚後遭牽連，必須幫忙還債，也不知道該如何規劃婚後的財產，希望有人提供建議。

針對 H 小姐的疑慮，舊《民法》時期確實常出現因為銀行向債務人討不到錢，所以向法院聲請配偶另一方得交出財產的情形。根據司法院的統計，宣告分別財產制、代為請求分配剩餘財產案在 2012 年修法以前，法院每年案件數高達數千件，且絕大部分都是銀行出手。這種不公平也不合理的情況，直到 2012 年 12 月 7 日立法院修正通過《民法》相關規定，這種法律實務上的爭議與追償手法才有所轉變，不再出現「夫債妻還」或「妻債夫還」的情況。

至於案例中的 A 先生如果遇到債權人要聲請強制執行求償，H 小姐婚後該如何因應？從法律專業角度來看，即使銀行或其他債務人採取上述行動，必須先向國稅局查調財產後才能進行，國稅局也只能就登記在 A 先生名下的資產表列出來，不能把 H 小姐的房子和其他資產納入其中。

婚前釐清債務及責任 婚後資產不要登記共有

建議如果夫妻婚前已經知道對方有債務，也理解必須面臨債務清償的問題及責任，兩人婚後相關資產最好不要登記共有，各自資產仍以各自名義登記比較妥當，以免夫妻一方

資產遭強制執行時，另一方所擁有的部分受到影響。

另一個值得注意的問題是，這件案例中，由於 A 先生婚前仍有債務未清償完畢，如果債權人得知 A 先生其實還有一棟房子，或者兩人婚後一段時間又另買新房，且登記在 A 先生名下，恐怕仍有隨時遭到強制執行的可能。相對而言，H 小姐婚前自己存錢購買，且登記在她名下的小套房則不會受到影響，A 先生的債權人也不得對此主張權利，H 小姐倒是不用太擔心。

至於未婚妻 H 小姐另外在網路上提問，未婚夫婚前購買的不動產，婚後若出現未按時繳房屋貸款，債權人銀行會不會跟她追討？她有沒有義務幫老公補繳貸款？

採用約定財產制 婚後兩人都安心

這類型的問題，同樣依《民法》第 1023 條與第 1046 條規定，先生的債務得要自己負擔，債權人銀行不能對結婚後的 H 小姐追討，她當然也沒有義務繳清欠款。

夫妻之間的財產與債務，如果想要達到真正各自獨立，也不希望未來會有剩餘財產分配的爭議，除了《民法》既有

規定提供夫妻間各自的保障外，類似 A 先生與 H 小姐婚前擔憂的案例，儘管兩人在如此處境下，仍然認定相愛珍惜，不願背棄，要完成婚約，最好還是考慮在結婚後，採取約定財產制而非共有財產，讓彼此安心，也免得因為債務償還過程有所爭議，影響兩人關係。

夫妻財產制的區別

財產制	內容	優點	缺點
法定財產制	❶ 夫或妻之財產分為婚前財產與婚後財產，夫妻財產各自保有所有權、管理與使用權，債務也各自負擔。 ❷ 夫妻離婚或一方死亡，現存婚後財產（不包括繼承、無償取得）扣除婚姻中負債後，如有剩餘，就其差額平均分配。	❶ 離婚或一方死亡，財產較少一方可獲得夫妻剩餘財產的一半。 ❷ 債務各自負擔。	如無法證明夫或妻個人財產，則推定為夫妻共有，各自有一半權利。
分別財產制	❶ 夫妻財產完全分開，各自保有所有權、管理與使用權，債務也各自負擔。 ❷ 須書面約定、檢附財產證明至法院辦理登記。	夫妻財產各自獨立，不論離婚、死亡均不受影響。	無法主張剩餘財產分配，如夫或妻一方負責家務而無工作時，對其較為不利。
共同財產制	❶ 除特有財產（指專供夫或妻個人使用之物、夫或妻職業上必需之物、夫或妻所受之贈物，贈與人書面聲明為特有財產）外，均屬夫妻共同共有。 ❷ 須書面約定、檢附財產證明至法院辦理登記。	無收入或收入較少之一方較有保障。	❶ 夫妻任一方處分財產均須經他方同意。 ❷ 債務共同負擔。

3-2 通姦除罪化 外遇仍要付出代價

通姦除罪化之後，許多人擔心配偶若外遇，恐將無法可管。事實上，只是《刑法》不處罰通姦行為，但在《民法》上關於妨礙家庭的侵權行為還是存在，能讓違反婚姻義務的一方付出賠償代價。

法律小故事｜通姦無罪 另一半坦承外遇並提離婚

　　林先生和太太結婚 15 年，因工作關係聚少離多，但林太太發現先生最近有外遇跡象，立刻要求解釋清楚。林先生坦承不諱且立刻要求離婚，將雙方共有房產賣出，並且要依照婚前協議，把 10 歲的女兒帶走，行使監護權。

　　林太太對此傷心不已，並懷疑是否因為通姦除罪化，外遇一方不用負擔刑責，先生才可以如此明快承認，加上對方將剝奪她生活的一切，感覺無法面對未來。難過了幾天後，林太太決定尋求朋友幫忙，並找律師諮詢意見。

司法院大法官會議於 2020 年 5 月 29 日做出釋字第 791 號解釋，公開宣示《刑法》通姦罪、《刑事訴訟法》第 239 條但書均違憲、失效。通姦除罪化後，民眾可能容易誤認，夫妻之一方如果有外遇行為，法律沒辦法干涉，吃虧的一方也得接受。

大法官釋字第 791 號解釋，雖然讓婚姻外遇通姦行為與《刑法》脫勾，但配偶還是可以根據《民法》、《家事法》提出離婚，並主張侵害婚姻的損害賠償請求。

簽了婚前協議 未必具法律效力

案例中林先生雖然主張有婚前協議，離婚後要把女兒帶走，行使監護權，但所謂婚前協議，用意在於未婚男女在婚姻關係成立前，就婚後各項權利義務內容加以約定之契約，基於私法自治、契約自由之基本原則，只要法律無禁止之事項，雙方均可約定，但其內容必須不違反公共秩序、善良風俗，才具有法律效力。

因此，若約定外遇須無條件離婚並放棄未成年子女親權（即監護權），因有違善良風俗，依《民法》第 72 條應為無

效。針對未成年子女親權之行使，因實務上強調以未成年子女的最佳利益為考量，於司法實務上仍會審酌是否符合未成年子女最佳利益，林太太如果提起訴訟，女兒未必一定跟著爸爸走。

如協議訂立若與他人外遇、通姦等違反婚姻忠誠義務，侵害一方權益時需要負擔損害賠償，跟雙方是否要離婚無關，法院會接受。應該留意的是，如約定之損害賠償金額過高，未來訴訟中可能被法官依職權酌減。

侵害配偶權 只要行為逾矩皆可提告

常見的情況還包括先生脫產給小三，妻子可從報稅情形觀察對方財務狀況，以免舉證不易，另可一併向法院聲請假扣押，以預防脫產。若對方將財產無償贈與小三，因此妨礙剩餘財產分配，可聲請法院撤銷；至於有償行為，例如故意賤賣資產給小三，也可以其行為有害於剩餘財產分配，向法院聲請撤銷。

最受關注的就是所謂的「**侵害配偶權**」。通姦除罪化後雖刑事不處罰，但仍可提告侵害配偶權，相較於通姦罪要件

嚴格，民事的侵害配偶權，只要是逾越一般男女正常的往來行為，或逾越社會一般通念可容忍的範圍，均可提告，法院於裁量時會視個案情節及雙方資力為考量。

此外，配偶外遇可做為離婚事由，且可同時請求離婚損害賠償，惟實務上離婚損害賠償判賠金額並不高，且離婚涉及未成年子女親權行使及夫妻財產分配，一旦提起訴訟都需要特別注意。

▍ 如何懲罰不忠的另一半？

❶ 根據有效的婚前協議，要求對方賠償。

❷ 提起民事「侵害配偶權」訴訟。

❸ 請求離婚損害賠償。

3-3 離婚不哭 先算清楚可分配財產

有情人能夠終成眷屬非常美好，然而，婚後雙方無論價值觀或性格、習慣差異勢必展露無遺，若未能彼此磨合體諒，最終走上離婚一途，也務必算清楚彼此可分配財產，好聚好散。

法律小故事 | 斷開外遇豪門夫 憂心生活無依靠

懷抱嫁入豪門美夢的平凡女孩小翁，果真在朋友聚會上認識一位富二代，兩人快速熱戀而且閃婚，小翁辭掉工作之後，相信從此人生將幸福美滿。豈料，夫家的規矩多，公婆堅持傳統習慣而管很大，小翁同在屋簷下相處甚為困難。

原以為夫妻恩愛能戰勝一切，卻在新婚不久後發現先生外遇，小翁為了腹中胎兒只能隱忍。終於等到孩子長大成年決定要離婚，考量生活經濟問題不知如何是好，也不清楚可否分得財產。

女性在社會上往往成為離婚時弱勢的一方，甚至有時基於顧家愛家的壓力或顏面問題，掙扎於是否該逃離不適合的婚姻。不過一旦決定要結束婚姻，就必須先屏除情緒問題，好好地把對方與自己的婚後財產攤開，把帳算清楚再離婚。

不論男性或女性，在婚前最好要有「**夫妻剩餘財產差額分配請求權**」的基本觀念，用不到是最好，但若碰上必須和另一半解除婚姻關係的情況時，務必要確保自己在法律上的權利，才不會因為沒有想法而吃虧。

依《民法》第 1030 條之 1 規定，「法定財產制關係消滅時」離婚的雙方就會產生「夫妻剩餘財產差額分配請求權」。簡單來說，就是在夫或妻一方先死亡、離婚、結婚無效、婚姻被撤銷、或改為分別財產制或共同財產制等情況下，婚姻中財力較少的一方就可以於法有據的向財力較多的一方請求分配夫妻剩餘財產差額。

不過還是要提醒，該權利自婚姻中財力較少的一方，知道自己與對方的財產有差額時起，2 年間不行使就會消滅，而且縱使不知道有差額，請求權最長期間自「法定財產制關

係消滅時」起，逾 5 年不行使也會導致權利消滅。

婚後取得的財產包括孳息 可計入請求分配範疇

至於到底有哪些財產可以向對方請求分配？「夫妻剩餘財產差額分配請求權」的計算基礎為夫或妻現存的婚後財產（除了繼承或無償取得的財產及慰撫金以外），扣除婚姻關係存續期間所負債務後，就剩餘財產的差額，由夫妻雙方平均分配。

另外，依照《民法》第 1017 條規定，如果不能證明該等財產究竟是婚前或婚後才取得，就會被推定為「婚後」財產，必須納入分配計算；同時，不論是婚前或婚後的財產，如果是在婚姻關係存續中所產生的孳息，都視為「婚後」財產。

針對小翁的情況，分析如下：假設丈夫名下有 5 輛跑車、3 棟豪宅、存款 2 億元，反觀小翁無法從事任何工作，個人積蓄存款也僅有數萬元，兩人相差甚大，因此小翁可以跟丈夫請求兩人財產差額的一半。

倘若小翁的丈夫在婚後將若干財產外流到外遇對象的手上，依據《民法》第 1020 條之 1 規定，如果是惡意減少他方

對於剩餘財產的分配金額，在離婚前 5 年內就計劃處分婚後財產，這些惡意脫產的部分都仍應追加計算，視為現存婚後財產。除非是道德上義務所為的相關贈與，例如向慈善機構捐款、照顧家人的金錢贈與等，才可不列入計算。

　　婚姻關係若無法延續，特別是在關係中較為弱勢的一方，在受盡委屈、以淚洗面的傷痛中，仍應該先關注自身權益，把夫妻剩餘財產差額分配請求權算清楚，取得合法的保障，讓生活盡量不陷於困境，再重拾自信與人生。

▎「剩餘財產差額分配」可請求哪些財產？

❶ 婚後取得的財產：現金、土地、房子、車子、有價證券（股票）等。

❷ 婚前的財產於婚姻關係存續中所生之孳息：存款利息、租金收入等。

❸ 無法證明究竟是婚前或婚後取得的財產，扣除繼承或無償取得的財產及慰撫金後，皆一概列入。

3-4 離婚爭取贍養、扶養費 兩筆錢要算清楚

夫妻緣盡走上離婚一途，昔日再怎麼恩愛也一定會碰到談錢的尷尬時刻，除了夫妻剩餘財產分配要釐清外，贍養費與子女扶養費這兩筆錢也務必弄清楚，較弱勢的一方生活才有保障。

法律小故事 | 渣夫外遇 元配訴離爭取贍養費

　　阿嬌與阿明婚後育有 2 個小孩，孩子都還在念幼兒園時，阿明就以個人發展事業為理由，前往中國投資及工作。起初阿明還會不時與家裡聯絡，不久後，阿嬌便逐漸無法順利聯繫上他，後來輾轉得知阿明另結新歡，阿明更長達 6 年不曾回家，也沒有支付家用，還要阿嬌自行負擔家計。眼見這段婚姻難以維繫，阿嬌迫於無奈，向法院請求判准離婚。

　　可是阿嬌想到日後要靠自己的微薄薪資養大孩子，不只生活開銷，連教育經費都很難支撐，所以就算得以離婚，也一定要談妥贍養費和子女扶養費。想了解如何爭取自己權益的阿嬌，決定向外尋求協助。

經常在媒體看到大篇幅報導體壇明星的不倫事件，甚至討論雙方如果離婚，子女監護權該由誰行使、扶養費要怎麼計算，引發大眾熱議。然而除了子女扶養費，一般人對於離婚後該算清楚的錢有哪些、各有什麼差別，似乎較難分清楚。

提醒民眾，辦理離婚案件時，除了常見的夫妻剩餘財產分配爭議外，還有贍養費、扶養費的計算以及負擔比例等問題。而贍養費及扶養費因為僅有一字之差，確實讓許多民眾或者要處理離婚問題的當事人不容易區別。

請求贍養費 3 要件：無過失、判決離婚、生活困頓

依據《民法》第 1057 條：「夫妻無過失之一方，因判決離婚而陷於生活困難者，他方縱無過失，亦應給與相當之贍養費。」簡單來說，贍養費存在於配偶雙方之間，而且必須是無過失的一方，且離婚後生活陷於困難，才具有請求權。

例如案例中阿嬌，如果能證明其生活會因判決離婚而陷於困難，她的贍養費請求權和給付主張就有機會獲得法院准允。

須注意的是，贍養費的請求，須以法院裁判離婚為前提。倘若雙方是透過協議離婚（包括兩願離婚、調解離婚）而辦理離婚者，則不適用。

若是協議離婚，雙方仍可以在離婚協議書中特別約定贍養費給付條款，要求一方履行給付金額與方式；然而實務上比較常見的情況，往往是給付贍養費的義務人在離婚後不願遵守離婚協議書的約定，最終導致必須再透過訴訟途徑解決。

扶養費負擔比例 依雙方經濟能力而定

扶養費的部分，按照《民法》規定，是因扶養未成年子女預期發生費用而產生。縱使夫妻離婚，對於原本所扶養的未成年子女仍然具有扶養義務，而且如案例中，無論子女監護權經法院判給阿明或者阿嬌，另外一方仍然需要善盡其對子女的扶養義務。

至於每名子女的扶養費要如何認定，法院大多參考行政院主計總處公布的各縣市「平均每人每月消費支出」來裁定，再依照夫妻雙方的經濟能力去判定各自應負擔的扶養費比

例，例如訴訟過程中，法院會依職權請夫妻雙方各自提出最近 1 年度的所得資料。

實務上也經常發生夫妻離婚後，義務人不再繼續支付扶養費的問題，而須另外尋求法律途徑（例如聲請民事強制執行程序）加以解決。

有些人主張，離婚時要求對方一次性給付贍養費或扶養費，就可以避免對方耍賴不履行。然而，雖然法律上並未針對此問題明文規定，但在實務上，也曾發生父母一方取得一次性給付的扶養費之後，沒多久就把錢花光，害得未成年子女沒辦法受到妥善照料。如果想要避免這種情形發生，就必須將該筆扶養費用辦理信託，以保障受扶養人的權益。

在此要額外補充，2023 年 3 月 24 日憲法法庭作成 112 年憲判字第 4 號《憲法》判決（限制唯一有責配偶請求裁判離婚案）認為：限制有責的配偶請求判離婚一事，雖符合《憲法》規定；但《民法》並未區分難以維持婚姻重大事由發生後，是否超過相當期間，或事由有沒有持續相當期間。若完全剝奪「唯一有責」配偶請求裁判離婚的機會，可能會導致個案過苛的情況，與《憲法》精神不符，故督促立法機關應

於 2 年內完成修法。換言之，未來訴求離婚的法規限制有可能會放寬，此針對離婚關係之修法，值得民眾注意。

▎離婚符合 3 條件 始有權請求贍養費

條件 1 須由法院裁判離婚，而非透過協議離婚。

條件 2 須是無過失的一方。

條件 3 必須舉證證明因為離婚而使得生活陷於困境。

3-5 丈夫過世 妻子仍須扶養公婆？

夫妻其中一人過世，婚姻關係便會因此而消滅，但是在法律上，與對方家屬的姻親關係卻依然存在，而且，生存配偶可能得面臨是否還要扶養對方父母親的難題。

法律小故事 ｜ 痛失摯愛 卻須獨力扶養惡公婆

美嬌與阿明是人人欽羨的駕鴦，身為長子的阿明徵得美嬌同意，結婚後將阿明的父母接過來一同生活，一家四口享有溫馨時光。可惜阿明不幸於 35 歲時發生意外身亡，留下美嬌單獨侍奉公婆。不料，阿明的父母開始對美嬌諸多不滿，甚至認為美嬌帶來厄運、時常惡言相向。

美嬌痛失摯愛後，靠她一個人有限的薪水撐起家庭生計，又要承受扶養負擔與惡意情緒，而阿明的弟弟與妹妹各有家庭，卻也袖手旁觀。美嬌實在不堪負荷，只好四處諮詢，尋求幫忙。

浪漫的結婚誓詞，通常僅存在於新娘與新郎彼此間甜蜜的承諾，但這種願意生死與共的承諾，效力是否及於對方的親屬呢？恩愛夫妻若有一人不幸先走，留下來的配偶是否應該負擔扶養公婆、岳父母的重責大任？

夫妻其中一方死亡 姻親關係並不會隨之消滅

依現行《民法》規定，如果夫妻一方死亡，婚姻主體（即丈夫或妻子）已經不復存在，婚姻關係也就因此消滅，而且他方如果再婚，也不會涉犯重婚罪。

然而姻親關係可就沒有這麼簡單，《民法》第 971 條在 1985 年修正，理由為我國民間夫死妻再婚，妻子與前夫親屬維持姻親情誼者，所在多有，因此不應把「夫死妻再婚」納入姻親關係消滅的事由。換言之，無論是「夫妻一方死亡」或「夫妻一方死亡後他方再婚」，並不會讓既有的婆媳關係或翁婿關係消滅，姻親關係依然存在。

由於 1985 年的時空環境與立法背景，可能考量到過去社會中，夫妻與公婆經常一同居住，某些鄉鎮地方，甚至還跟阿姨、叔叔、舅舅等其他親屬同住。當時立法者認為，既然

媳婦或女婿已經融入大家庭生活，何必立法加以剝奪婆媳或
翁婿之間的法定關係。

依照現行《民法》的脈絡，案例中的美嬌在阿明過世後，
婚姻關係自然消滅，但法定「姻親關係」的羈絆仍然存在，
阿明的父母仍是美嬌的「直系姻親一等親」。

符合 3 要件 始有扶養配偶父母義務

那麼，美嬌到底有沒有義務負擔阿明的父母呢？須考量
以下幾個要件：

1. 是否有同居事實：依照《民法》第 1114 條第 2 款以及
法院實務判決認定，夫妻一方與他方父母有同居的事實，才
需要討論是否須負擔扶養的義務。

2. 對方是否有受扶養必要：再依照《民法》第 1117 條第
1 項規定，他方父母必須已經「不能維持生活」而且「無謀
生能力」，才會被認為有受扶養的必要。

3. 自己是否有扶養能力：如果生存配偶沒有扶養能力，
依照《民法》第 1118 條規定的「窮困抗辯權」，他方父母要
求生存配偶扶養時，生存配偶可以主張免除扶養義務。

因此，美嬌雖然跟公婆同住，存在扶養的要件，但如果美嬌經濟狀況不好，實在無能力扶養，或者阿明的父母具有謀生能力，不需要受扶養，就有許多討論的空間。

不過，即使美嬌對阿明的父母負有扶養義務，還是要先**確認自己的法定順位**，以及是否有順位更前面的扶養義務人，例如阿明父母的其他子女、孫子、兄弟姊妹等。

根據《民法》第 1115 條規定，媳婦對公婆、女婿對岳父母的法定扶養義務順序為第 6 順位，也就是倒數第 2 順位，至少要前面 5 個順位的人都不須負擔扶養義務，才會輪到關係較為疏遠的媳婦或女婿來負責，換句話說，美嬌的扶養順

Tips

3 種情況看姻親關係是否消滅

❶ 離婚或婚姻撤銷

✔ 婚姻關係消滅　　✔ 原有姻親關係消滅

❷ 夫妻一方死亡

✔ 婚姻關係消滅　　✘ 原有姻親關係消滅

❸ 夫妻一方死亡後再婚

✔ 一方婚姻關係消滅　　✘ 原有姻親關係消滅

位還排在阿明的弟弟、妹妹後面。

　　隨著社會演變以及少子化現象，傳統大家庭逐漸減少，改由小家庭取代，現行《民法》恐已不符民情。例如日本的《民法》第 728 條規定，配偶死亡後，另一方可以申請終止姻親關係，稱為「死後離婚」，此種立法方向，或能做為我國《民法》修法的借鏡。

3-6 不能或不願扶養年邁父母有罪嗎？

子女奉養父母天經地義，連法律也規定，若成年子女對父母親不聞不問，可能構成遺棄罪。但如果因經濟因素，或父母在子女未成年時沒有善盡扶養責任，情形是否會有所不同呢？

 **法律小故事｜老父離家多年 3 兄弟拒扶養惹議**

年近 80 的王先生長年居住在中國，3 年前經商失敗後返回台灣，近來因罹病且已無積蓄，生活出現困難，引起鄰居及社福單位關切。王先生的 3 個兒子中，僅長子偶爾探視，提供少許生活費，其餘 2 子都沒有回應，王先生友人得知，建議不排除採取法律行動，迫使孩子出面照顧扶養。

長子聞訊，向父親友人解釋，3 兄弟自幼遭父親冷落、毆打，全靠母親工作扶養長大，父親前往中國後長期失聯，事隔多年如今突然出現要求扶養，相當尷尬。王先生長子表達僅願意提供若干生活費，另兩位弟弟經濟能力有限，還要輪流照顧臥床母親，也不打算接濟扶養父親。王先生友人仍不放棄提告，令長子相當困擾。

「養兒防老」是多數人的觀念，但子女成年後是否真會孝順父母，沒人說得準。如果子女已經長大成人且有工作謀生能力，卻不照顧父母親，或者是完全不聞不問，是否違法？

針對這類情況，依照《民法》，**子女原則上應負擔扶養義務**。《民法》第 1114 條第 1 款規定，直系血親相互間負扶養義務，因此，子女依法須對父母負起照顧責任。

雖有不少民眾認為，在父母生活困頓的情況下，才須負起扶養義務，但《民法》第 1117 條載明：「受扶養權利者，以不能維持生活而無謀生能力者為限。前項無謀生能力之限制，於直系血親尊親屬不適用之。」換言之，侍奉父母、祖父母、曾祖父母，只要他們發生不能維生的情況即應扶養，而無須達到無謀生能力的程度。

從本案例來看，**實務上常見子女主張父母親還有房產、退休金等資產足以維持生活，而主張不須付扶養義務，但仍應視實際情形而定。比如父母親房產僅為自住，無法強求其有足夠經濟來源，且退休金或政府補助又無法滿足最低生活水準，則仍須給付父母必要生活費用。

但若依照案例中的長子所說，兩個弟弟經濟能力有限，則可以主張貧困抗辯，提出薪資收入、年度所得、財產總額及貸款紀錄等有利證據證明收入不穩定、身負債務或是尚有其他扶養親屬（例如案例中臥病在床的母親）而無能力等，以減輕扶養負擔。

兒時未受父母妥善照顧 成年後可免除扶養義務

值得注意的是，為人子女如果未盡扶養義務，亦可能構成《刑法》上的遺棄罪。提醒民眾，依《刑法》第 294 條規定：「對於無自救之人，依法令或契約應扶助、養育或保護而遺棄之，或不為其生存所必要之扶助、養育或保護者，處 6 月以上 5 年以下有期徒刑。因而致人於死者，處無期徒刑或 7 年以上有期徒刑，致重傷者，處 3 年以上 10 年以下有期徒刑。」

除了處罰積極的遺棄行為外，如消極的不履行扶助、養育、保護義務，而造成父母親孤立無援、面臨生存危機，也會面臨遺棄罪的罰責。

不過，在王先生這個案例中，依照王先生長子的陳述，

｜ 法律小教室

《刑法》上所謂「無自救力之人」，係指其人無維持生存所必要之能力而言。若為年力健全者，因其有謀生之途，故不能僅以無資金、技能或未受教育為無自救力之原因。

（最高法院 27 年上字第 1765 號刑事判例）

幼年時遭父親不當對待，導致兄弟對父親的排斥，法律上也有規定，子女可主張免除及阻卻遺棄罪成立的例外規定。

《民法》第 1118 條之 1 規定，如父母自小有重大虐待或傷害情形，或是無正當理由均未盡扶養義務且情形重大，得免除子女之扶養義務；《刑法》第 294 條之 1 則規定，如父母親曾有侵害生命、身體、自由、妨害性自主等犯罪行為，或未盡扶養義務持續逾 2 年等情形，則子女縱使未對其提供必要之扶助、養育或保護，行為仍屬不罰。案例中，如果王先生一旦提出告訴，其 3 名子女或許可以上述理由在訴訟中抗辯與主張。

至於在一般正常子女扶養照顧父母的過程中，如果出現有任何一位**手足不盡扶養義務者**，依照《民法》第 1115 條第

1 項第 1 款規定，其他人可對其依不當得利請求返還代墊之
扶養費用，但須注意請求權時效為 15 年。

NOTE

第 4 章

買屋、租屋宜先注意
避免後續難解糾紛

4-1 屋況不如昔
房東扣押金合理嗎？

房客支付租金所取得的權利，包括使用房屋及雙方議定的屋內物品，若退時租屋內物品有所污損、折舊，房東有權要求房客賠償嗎？遇到無理房東，租屋族該如何自保？

 法律小故事 | 退租時被房東挑剔屋況扣押金

殷先生在台北市與家人租房子居住多年，因工作關係必須舉家搬遷至國外，但在殷先生將房子點交給房東時，房東突然向他咆哮，宣稱原本屋內義大利進口的純白磁磚已經污損，牆面油漆剝落，燈具、紗窗也都出現髒污現象。

房東決定沒收殷先生最初承租房屋時候的 15 萬元押金，以賠償這些裝潢家具的損失。殷先生急著搬家和處理工作事務，一方面又要面對房東不合理的要求，不知道該如何處理，也不想就這樣損失押金 15 萬元⋯⋯

房地產飆漲的年代，不少人仍因經濟能力與各種考量，選擇租屋而居暫時放棄置產。但在房地租賃關係上，房東與房客之間可能又是另一片戰場，民眾可能不清楚出租標的物的實際狀況，也不熟悉租屋者的權益。

常見的爭議，還包括房客在退租時，房東可能會以各種理由將押金全數或部分沒收，究竟房客要如何保障自身權益，房東有沒有資格扣抵押金？這些顯然都是租屋族和房東的必修功課。

其實，房客面對房東的無理要求，除了應勇於捍衛自己的權益，仍須多了解租賃的相關規定。民眾可依據內政部公布各式契約範本做為參考。以下為《住宅租賃定型化契約範本》第 11 條中與「承租人義務及責任」相關的條文：

1. 承租人應以善良管理人之注意，保管、使用租賃住宅。

2. 承租人違反前項義務，致租賃住宅毀損或滅失者，應負損害賠償責任。但依約定之方法或依租賃住宅之性質使用、收益，致有變更或毀損者，不在此限。

3. 前項承租人應賠償之金額，得由第 4 條第 1 項規定之押金中抵充，如有不足，並得向承租人請求給付不足之金額。

除非房客刻意毀損房屋 否則屋主無權要求賠償

如果是房客的身分，房客在使用中及交還房屋與所有包含在內的承租物品時，皆應善盡保持義務，也就是實務上所說的能「回復原狀」。但通常容易搞混的是，究竟是指回復雙方訂約當時的狀態，或者是房客正常使用後應有的狀態？

舉例說明，凡是非土地的資產，都須考量折舊的問題，不論是磁磚或是牆面等裝潢，經過一定期間的使用，難免稍有污損，除非是房客刻意破壞，否則房東無法要求房客歸還的房屋要與幾年前交給房客使用的狀態一模一樣。

從案例中殷先生的狀況而論，如果房東要以屋內物件髒污，或者牆壁塗漆脫落為理由強制沒收殷先生的押金，恐怕是有問題的。殷先生應勇於向房東請求返還押金，或請律師寄發律師函給房東，因為此類押金扣留案件，法院會先要求房東舉證證明相關物品確實遭到損壞，而且是房客造成的。

如同這句法律諺語：「舉證之所在，敗訴之所在」，此時該苦惱的就不會是房客，而是房東了。

進一步說明，房客給付給房東的租金就是換取房屋使用權的對價，該使用權的權利範圍包含依據租賃目的使用房屋

內一切物品的權利，而物品長期使用下當然伴隨折舊、耗損，這些價值的喪失，房東已經藉由獲取租金彌補，如房東僅因房屋內有髒污即要沒收房客的押金，訴諸法院時恐怕站不住腳。

另外，也提醒有租屋需求的民眾或者提供租賃的房東，押金的收取，應依據內政部公布的《住宅租賃定型化契約應記載及不得記載事項》中規定，最高不得超過 2 個月的租金總額，如果有超過的部分，房客就可以向房東主張抵付租金。

▌ 租屋該掌握的 2 個要點

❶ 查看屋況及各項物品、設備，釐清修繕權責。
❷ 詳閱租賃契約載明要點，押金不得逾 2 個月房租。

4-2 房客不繳租金 房東自保有要訣

房客怕遇到惡房東，但房東更怕遇到惡房客，所謂請神容易送神難，不管是房客霸占房子不走或是不繳租金，對房東而言都會造成莫大困擾，處理時務必依法且慎重，以免惹禍上身。

法律小故事｜放心把房子交給房客 卻收不到租金

　　王太太名下有 2 間房子，其中一間自住，另一間則租給上班族李先生，由於對方背景單純，王太太出於信任，僅按照簡單制式租賃契約簽訂租約，之後就鮮少過問。出租半年後，李先生突然沒有依約匯款繳租金，也沒有說明原因，過了 3 個月後某日，王太太才從銀行對帳單發現不對勁，用手機發訊息給李先生，卻已讀未回。

　　隔天，王太太決定前往租屋處一探究竟，帶著備用鑰匙前往，在公寓樓下巧遇該區域的鄰長，鄰長關心情況後，建議王太太不要擅自進入，以免引發紛爭，王太太想著是否該報警處理？

擁有 1 間以上的房子可以出租賺取租金，是很多人羨慕的好事，但其實房東也不是那麼好當，最怕無端收不到租金，或者房客在租屋期間內惹出一堆糾紛難以善後。建議房東一定要懂得自保機制，房客欠繳租金，也要有因應的方法。

出租之前：租約載明相關規定 透過公證強化效力

房東與房客簽約時，租賃契約中應明白約定租金與押金的金額、支付租金時點與方式、租金包含項目（例如是否包含水電、管理費）等，另建議一併約定房客違約時的相關法律效果，以避免後續爭議。

房客如欠繳租金或落跑找不到人，縱使租約到期，房東仍不得逕自把房客東西搬離，以免觸法，房東需要透過司法程序救濟取回房屋，但此過程通常耗費時日。此外，如果房客真的沒錢可以付房租，縱使請求占用期間的租金，最後房東也只能取得債權憑證。因此，建議將租賃契約公證，且應於租賃契約中納入「如租約到期應返還房屋」為逕行強制執行事項。

出租期間：若房客欠繳房租 可保留證據提出訴訟

一般人常認為房子是自己的，如果房客欠繳租金或是落跑找不到人，可以自行清空處理，但房東與房客訂有租賃契約，於法律上房客擁有該房子的使用權，如擅自進入，房東即涉犯**侵入住居罪**。

如案例中的王太太可能誤以為有權利進入屋內查看，還好有鄰長及時制止，否則就有觸法的可能。如果房東擅自將房客的物品清空，房客除了可以主張毀損罪，更可提告竊盜，房東反而無端涉訟，不得不慎。

那房東應該怎麼做才好呢？依《土地法》第 100 條第 3 款規定，房客積欠租金，除了以擔保金（押租金）抵償外，達 2 個月以上時，房東得收回房屋。因此，房客欠繳租金以擔保金抵償後，仍欠繳 2 個月以上之租金，始得終止租約。換句話說，案例中的王太太已經可以考慮終止租約。

專家提醒，依目前最高法院 94 年度第 3 次民事庭會議見解，《土地法》100 條所謂之房屋，兼指住屋與供營業用房屋而言，因此，房東不論是出租供住宅用或是供營業用，均有適用，房客不得主張是住宅使用而不適用。

　　另外，依《民法》第 440 條第 1 項規定，承租人的租金支付若有延遲，出租人得定出期限，催告承租人支付租金。建議房東在催繳房客租金時，最好以書面方式，或留下郵件、通訊軟體對話紀錄，以免後續雙方就是否催繳有所爭議。

　　再者，房東就算不願意出租，也要有終止租約的意思表示。也就是說，房客如有欠繳租金，房東除了給予相當期限催繳外，於積欠租金達 2 個月以上時，亦應再次明確表示終止租約並要求搬遷，另建議仍要以書面為之，以免口頭通知造成後續爭議。

　　房東如果已經催告、終止租約，房客仍然不繳租金又不搬走，後續房東就可提出訴訟。房東除請求返還房屋外，亦得一併請求欠繳的租金，及終止租約後占用期間的損失，等到取得勝訴確定判決後，才能進一步聲請強制執行，由公權力強迫對方依照房東的主張搬離並賠償。

　　房東遇到房客欠繳租金，難免有情緒，最好還是按照步驟了解狀況，並且詢問房客及表示催繳意思，即使想要終止租約也要按照契約，千萬別任意闖入屋內查看，甚至清空房客物件，讓爭議更複雜。

4-3 預售屋陷阱多 簽約前要睜大眼

為了有更多緩衝時間來籌措購屋資金，不少民眾會選擇購買預售屋，卻忽略預售屋案件內容、建商履約方式等可能隱藏的問題，一旦建商違約，恐產生不少困擾與糾紛。

購買預售屋 慎防建商履約跳票

　　謝小姐透過網路及電視廣告，看到代銷公司宣傳某建設公司的預售屋案，交通位置便利，其模擬屋況又與內心期待相當契合，加上廣告一再標榜「今日下單簽約享優惠」等內容，讓謝小姐相當心動，決定馬上驅車前往接待中心看個究竟。

　　當謝小姐聽取銷售經理 A 先生說明有關預售案的內容時，突然想起朋友曾提醒，要詢問該建案有沒有提供禁止或減少建商惡性倒閉、施工停擺等相關約定，但 A 先生不但沒有打算出示任何契約書，還不斷催促她趕緊簽約付款，才能享有優惠，剩下的都不必擔心。謝小姐當下開始不安，對簽約有所疑慮。

買一棟屬於自己的房子，給家人安心居住的地方，是許多人的夢想，即使預售屋價格不比新成屋或中古屋便宜，但因為可以依工程進度分期付款，也能事先與建商溝通，在法令範圍內變更設計，進而縮短交屋後的裝潢時間，仍舊吸引許多人的青睞。

值得注意的是，因為預售屋屬尚未開始建造，或仍在建造中的房屋，消費者通常只能憑建商所給的數據、模擬示意圖與樣品屋等，想像成屋的模樣。但在新聞報導中不時看到有建商倒閉、預售屋沒有起造，或者無法完工，承購者空有合約書卻求助無門。因此，購買預售屋，最好在事前做好防範，以降低類似情形發生的機會。

善用 5 天審閱期 確認定型化契約內容

自 2001 年起，行政院內政部為了保障消費者權益，並減少前述情況一再發生，公告了「預售屋買賣定型化契約應記載及不得記載事項」及預售屋買賣定型化契約範本，並歷經數次修正（現行為 2023 年 6 月 19 日修正版），除了告知一般消費者相關權益之外，更要求企業經營者應予遵守。2011

年5月1日起，更在前述記載事項引入了「不動產開發信託」、「價金返還之保證」、「價金信託」、「同業連帶擔保」及「公會連帶保證」等5種履約保證機制，強化建商履約證明，並避免建案施工停擺。

5 種履約保證機制		
項次	履約擔保類型	說明
一	價金返還保證	由金融機構負責承作價金返還保證。
二	不動產開發信託	由建商或起造人將建案土地及興建資金交付信託與金融機構或信託業者，設立信託專戶並執行履約管理。
三	價金信託	由建商或起造人將買受人價金交付信託與金融機構，設立信託專戶並執行資金控管事宜。
四	同業連帶擔保	由同業間辦理連帶擔保，賣方如未依約完工或交屋，買方可要求擔保之業者負責完工交屋。
五	公會辦理連帶保證協定	由全國或各縣市不動產開發商業同業公會辦理之連帶保證協定，賣方未依約定完工或交屋，買方可要求加入本協定之公司負責完工交屋。

資料來源：行政院消費者保護會公告

　　也提醒消費者，取得建商提供的定型化契約時，千萬不要急著簽約，而應該把握依法賦予的 5 天審閱期間，逐一研讀買賣範圍和使用限制等事項，尤其應特別注意建商是採用哪一種履約保證機制，確認自己是否可以接受。

　　另外，也建議要把契約與內政部公告的「預售屋買賣定

型化契約應記載及不得記載事項」逐一比對，確認有無漏載或記載不得註記事項，如有不一致或建商另有其他約款時，應標記起來逐一詢問建商各個條款的意義，或尋求專業人員建議及協助。

另外建議，在選購預售屋時，千萬不要只注意讓人心動的宣傳廣告內容，或是精美的預售屋展示間，甚至銷售員各種讓人想要衝動購買的話術，務必時刻保有「3多原則」：多看、多問、多比較，關注建商過往承造背景與經營動態，才可能把建商不履約的風險降到最低。

留意 5 要點 確保購屋權益

承購預售屋時，建議應注意 5 個關鍵要點：

❶ 應要求建商提供相關證明文件，佐證經銷業務人員所述均為真實。

❷ 應確認業務員所提供的契約，確實為建商所用的定型化契約。

❸ 如須匯款，應確認所匯帳戶為建商專用帳號，而非個人戶頭。

❹ 當建商履約保證機制是「價金信託」或「不動產開發信託」時，應確認承作的受託銀行。

❺ 後續款項不宜經建商之手轉匯，而應直接匯至建商指定的信託專戶並留存匯款證明，且匯出後應定期至受託銀行的信託專戶網頁，查詢受託銀行是否收到款項，隨時掌握相關資訊，維護自身權益。

4-4 裝潢業者良莠不齊 施工前先做好預防

透過裝潢打造理想中的房子是許多人的夢想，但屋主與設計業者往往因未充分溝通衍生爭議。屋主應懂得如何事先預防，以免在雙方未能釐清需求，或結果落差過大之下引發糾紛。

法律小故事｜裝潢工期延宕致無法入住新屋

　　W 小姐離鄉背井工作打拼多年，除了省吃儉用，也透過定期小額投資略有積蓄，半年前終於存到頭期款，在桃園買了一間權狀 26 坪大的新成屋。W 小姐透過朋友介紹一位裝潢設計師 L 先生，雙方口頭約定，希望房子可以在有限預算內，裝潢成她想要的風格，但 W 小姐不熟悉報價單中的條件和施工明細、專有名詞，多次溝通不良。

　　由於雙方一直有歧見，且 L 先生多次藉口拖延，施工延宕，弄得 W 小姐非常不開心，不曉得該如何收尾。

新購屋者或者現有屋主想要改造愛窩，在裝潢時最常遇到的情況，第一是施工明細不清，業主事後追加費用；其次為屋主施工過程中，或是等待驗收時，發現設計與原先想像有落差；再來則是工程一再延宕，打亂屋主後續計劃。上述這些情況往往造成屋主極大困擾，甚至浪費許多冤枉錢。

　　針對這些糾紛，建議屋主於裝潢前，面對經常可能發生的爭議事項，應該要有些防範措施，以免遇到問題時，喪失應有權益。以下提出幾個提醒事項，供有裝潢需求的民眾參考。

施工裝潢糾紛多 避免爭議 5 提醒

提醒 1　施工前先簽訂合約

　　屋主委託設計師及施工廠商為房子設計格局與裝潢，在性質上屬於承攬契約，事先簽訂合約能減少雙方後續爭議。合約書應就詳細設計圖、明確估價單、約定特定材料、施工範圍及內容、付款期程、保固期等明訂細則，如有相關樣本或樣品應一併檢附，以免雙方認知落差。

提醒 2　工程變更或有追加時，應經雙方書面同意

　　可要求業者及設計師提供單價分析表，包含各項目、規

格、數量等，屋主也須保存往來清單、文件及收據，以免事後雙方針對款項爆發爭議。

提醒 3　載明完工日期與逾期違約金

契約書上應載明工程進度及完工日期，並可進一步約定逾期違約金，避免工程拖延。如工程延宕係可歸責於業者及設計師，屋主可依《民法》第 502 條請求減少報酬，或賠償工期延宕造成的損害。

提醒 4　要求設計師提供 3D 圖

為避免完工後與實際想像有落差，施工前可要求設計師提供 3D 圖，確認是否有依圖面施工，屋主也應定期至現場確認，如有不符要求情形始能及時改正。此外，建議屋主於施工前、中、後期分別拍照或錄影，以記錄工程進度及施工內容。

提醒 5　驗收時發現瑕疵須盡快請業者修繕

如屋主於驗收時發現有瑕疵，如漏水、尺寸不符等，依《民法》第 492 條至 495 條、《消費者保護法》第 7 條規定，屋主可要求承攬工作的業者修繕。

案例中 W 小姐所遇到的狀況，就是實務上最常見的，屋

主與施工業者僅靠口頭約定，對於容易衍生糾紛的項目，缺少書面文件，導致 W 小姐在裝潢期間很難掌握施工品質，甚至對 L 先生屢次拖延工期無計可施。

也建議屋主，可參考內政部營建署公告的「建築物室內裝修—設計委託及工程承攬契約範本」，在裝潢施工事前盡量具體約定各項內容，以避免爭議。

> ▌ **裝潢糾紛求助管道**　　　　　　　　　　　Tips
>
> 如果真的遇到裝潢爭議，除了訴諸法律程序由法院審理外，亦可向各地調解委員會、消費者服務中心申請調解，或是向住宅品質消費者保護協會申請調處。另外，屋主亦可透過住宅消保會所辦理的「住保履約」，將裝潢費交付信託，業者在每一階段驗收完成後才能請款，如此較能確保裝潢順利完工。

第 **5** 章

房產稅金不容小覷
掌握節稅觀念省很大

5-1 買房別漏算 留意稅負等隱形費用

不少首購族買房只準備頭期款及裝潢費，卻忽略其他諸如契稅、印花稅、房屋稅、地價稅等該繳納的政府規費，導致預算嚴重超支。唯有事先了解購屋的隱形成本，才不會徒增困擾。

 購屋忽略隱形成本 導致經費不足

　　擁有高學歷、高科技專業背景的 K 小姐，一出校門就被科技公司延攬至某科學園區內任職，工作幾年積蓄頗豐，且公司同事茶餘飯後的話題都圍繞在置產、買房，這讓 K 小姐不禁也躍躍欲試。於是她開始積極尋找標的，後來在精華地段相中了一間預售屋。

　　為了圓夢，K 小姐除了備妥頭期款，也預留一筆妝點新家的經費。只是她沒想到，買房竟還有代書費、契稅、印花稅、房屋稅、地價稅等費用要繳付，只好再從多方管道籌錢。

俗話說，有土斯有財，購置不動產除了高額買賣價金以外，交易中還可能涉及專業人員協助尋找標的及辦理所有權移轉過戶的仲介費及代書費用，我國政府亦免不了從該等交易中或不動產本身徵收相關稅負，種種金額及費用，於購置不動產時均尚未浮出檯面，如預備資金未納入該等成本考量，將可能造成資金短缺，有意購置不動產者不得不慎。

一般人置產時多僅考量到買賣價金，往往忽略契稅、印花稅、房屋稅、地價稅等成本，該等費用多屬法定應負擔稅費，無法避免，分別說明如下。

契稅、印花稅：依《契稅條例》規定，在開徵土地增值稅區域的土地免徵契稅，故僅有房屋買賣契約須課徵契稅，原則上以不動產評價委員會所評定的標準價格按 6% 核計契稅。另外，依《印花稅法》凡訂定契約須以契約內價款的 0.1% 購買並貼印花稅票。

房屋稅：1 年徵收 1 次，目前是訂在每年 5 月 1 日開徵至 5 月 31 日截止，繳納期間為 1 個月。課稅期間是前一年的 7 月 1 日起算至當年 6 月 30 日止，房屋稅是由買方與賣方（原屋主或建商）依照持有時間比例各自分攤。依照《房屋稅條

例》，房屋稅計算公式如下：應納稅額＝房屋課稅現值 × 稅率。房屋課稅現值係由各直轄市、縣（市）「不動產評價委員會」評定。

地價稅：課徵時間為每年 11 月 1 日至 11 月 30 日止，課徵所屬期間為當年 1 月 1 日至 12 月 31 日止，如土地於年度中曾經過買賣移轉土地所有權，應以 8 月 31 日作為基準日，由當天的土地所有權人作為地價稅納稅義務人。依照《土地稅法》，地價稅以各該直轄市或縣（市）土地 7 公畝（約 700 平方公尺）之平均地價為準，按累進級距課徵，然針對不同土地目的，比如自用、公設、停車場等又訂有特別稅率。

房屋稅、地價稅 依過戶日期按比例分攤

至於買賣雙方於房屋移轉當月如何拆分房屋稅與地價稅呢？很簡單，因房屋稅是按月計課，當月 15 日以前房屋過戶者，房屋稅自當月起向買方課徵，在當月 16 日以後過戶者，次月起始向買方課徵，故房屋稅得依照持有時間比例各自分攤。

而地價稅依照《土地稅法施行細則》第 20 條規定，納稅

基準日為當年 8 月 31 日，該日的土地所有權人應為整年度的納稅義務人，因此常見買賣雙方透過契約約定，以持有土地時間比例拆分地價稅。

雖然以契約約定稅費分擔有債權債務效力，但對於國家而言，該等稅費課徵對象仍以法定納稅義務人為準，縱使契約已約定由他方負擔，如他方拒絕繳納，依據《稅捐稽徵法》第 20 條規定，相關罰鍰仍係加諸於納稅義務人身上。

近來年輕首購族崛起，案例中 K 小姐在存夠頭期款後就有進場意願，但沒有買房經驗者需注意前揭種種隱形成本，在選定標的、下好離手前，建議回頭確認一下手頭資金是否足以支付相關交易及不動產稅費，避免陷入資金不足的窘境。

買房應繳納的 4 大稅費		
項目	費用	說明
契稅	房屋評定現值 × 6%	房屋移轉取得不動產所有權者必須繳交的契價稅。
印花稅	（房屋評定現值＋公告土地現值）× 0.1%	辦理過戶簽署公契時的憑證稅費。
房屋稅	住家：房屋課稅現值 × 1.2% 營業：房屋課稅現值 × 3%	按過戶日期拆算，由買賣雙方分攤。
地價稅	自用：申報公告地價總額 × 2‰ 公設或其他：申報公告地價總額 × 6‰ ～ 10‰	按過戶日期拆算，由買賣雙方分攤。

資料來源：財政部

5-2 賣房前節稅妙招學起來 省下大筆金額

房價隨著時日增值漲價，賣屋時除了保本獲利，須負擔的稅負也隨之升高，不少民眾在賣房時，才發現繳稅金額並不低，若能事先了解並善用相關稅負優惠，就能省下大筆金錢。

不少屋主賣房時因為不清楚稅別與稅率，未能事先估算要繳的稅金，導致交易後感覺獲利縮水，或是忽略優惠稅率的限制及規定，太早賣屋或未能符合優惠條件，喪失不少權益與金錢。

賣房會牽涉到的稅目有：「**地價稅**」、「**房屋稅**」、「**土地增值稅**」、「**所得稅**」4 類，繳稅的時機點各不相同。其中，地價稅及房屋稅是持有土地及房屋時，所有權人每年須繳交的稅負，土地增值稅是賣房時土地有增值才須繳交，而所得稅則是賣房時有賺錢才須繳交。以下就較難理解的土增稅和所得稅進行詳細說明。

土地增值稅有增值才須繳 自用與重購可節稅

　　土地增值稅是依土地持有期間的漲價總數額（非市價）計算，一般而言售屋時地政士都會代為計算，民眾也可利用內政部地政司網站自行試算稅額。建議可善用以下 2 種節稅規定：

節稅妙招 1　自用住宅優惠稅率

　　土地增值稅一般稅率分為 3 級：20%、30%、40%，而自用住宅優惠稅率只要 10%。適用自用住宅優惠稅率的條件又分成「一生一次」及「一生一屋」，已使用過一生一次的民眾，可再使用一生一屋，後者無次數限制，但適用條件相對嚴格，詳細規定請見下表。

節稅妙招 2　重購退稅

　　賣房前後 2 年內，若有再新購入房地（含先買後賣與先賣後買），若符合下列條件，就可以申請土地增值稅退稅。

　　1. 出售土地及新購土地的地上房屋須為土地所有權人或其配偶、直系親屬所有，並已在該地辦竣戶籍登記。

　　2. 出售土地於出售前 1 年內，無出租或供營業使用。重購地都市土地面積未超過 300 平方公尺、非都市土地面積未

超過 700 平方公尺部分。

3. 2 年內重購土地（先買後賣或先賣後買均適用）。

4. 新購土地現值大於原出售土地現值減土地增值稅的差額，可申請退稅（退稅金額上限即為已繳納的土地增值稅稅金）。

5. 原出售及重購土地所有權人屬同一人。

重購退稅另外還需注意，新購土地 5 年內不得再行移轉或改變用途，否則須補繳原退還稅款。此外，土增稅必須如期申報，不然會影響「2 年」的起迄日認列時點。

自用住宅土增稅享 2 優惠		
方案	一生一次	一生一屋
條件	❶ 土地所有權人出售前 1 年內未曾供營業或出租之住宅用地，地上之建物須為土地所有權人或其配偶、直系親屬所有，並已在該地辦竣戶籍登記。 ❷ 都市土地面積未超過 300 平方公尺或非都市土地面積未超過 700 平方公尺部分。	❶ 出售前 5 年內，無供營業使用或出租。 ❷ 土地所有權人或其配偶、未成年子女於土地出售前，在該地設有戶籍且持有該自用住宅連續滿 6 年。 ❸ 出售都市土地面積未超過 150 平方公尺或非都市土地面積未超過 350 平方公尺部分。 ❹ 出售時土地所有權人與其配偶及未成年子女，無該自用住宅以外房屋。 ❺ 出售前持有該土地 6 年以上。

資料來源：財政部
註：若同時擁有多戶自用住宅房屋，也都符合自用住宅條件，可以規劃在同一天簽訂買賣契約，並在同一天到稅捐機關申報土地增值稅，在都市土地 300 平方公尺或非都市土地 700 平方公尺範圍內，可同時適用自用住宅優惠稅率。

所得稅舊制：財產交易所得稅 有獲利才須繳

若房屋取得時間點是在 2016 年 1 月 1 日之前，就適用舊制。財產交易所得併入個人綜所稅計算，稅率為 5% ～ 40% 不等，但舊制的土地免稅，僅房屋部分須課稅，因此某些情況算下來，舊制比新制划算。

所得稅顧名思義就是有所得（賺錢）才須課稅，而舊制的所得計算方式有下面 3 種：

1. 房屋原始取得成本費用（有單據）

$$所得＝（售價－成本費用）\times \frac{房屋評定現值}{房屋評定現值＋土地公告現值}$$

2. 房屋原始取得成本費用（無單據）

所得＝房屋評定現值 × 財政部每年公告之「個人出售房屋之財產交易所得標準」

3. 房屋原始取得成本費用無單據且屬豪宅

$$所得＝售價 \times \frac{房屋評定現值}{房屋評定現值＋土地公告現值} \times 17\%$$

說明：豪宅定義為台北市房地總成交金額 7,000 萬元以上；新北市房地總成交金額 6,000 萬元以上；台北市及新北市以外地區，房地總成交金額 4,000 萬元以上。

有些民眾會先試算有單據與無單據的稅額差異，再用最划算的方式申報，但須注意的是，若採用無單據方式申報，有可能會被國稅局駁回，因近年來賣房須申報實價登錄，國稅局可查到房屋成本，可能會要求納稅義務人改採有單據的公式申報，因此建議買房時的成本及費用（代書費、裝潢費、仲介費等），都要妥善保存發票、收據等憑證。

節稅妙招 **重購退稅**

除了土增稅，所得稅也有重購退稅，符合以下條件者可適用：

1. 出售或重購的房屋係以納稅義務人本人或其配偶名義登記。

2. 納稅義務人出售及重購的房屋均為自用住宅，出售房

屋前 1 年無供出租或營業使用，出售及重購年度須有納稅義務人、配偶或直系親屬辦竣戶籍登記。

3. 納稅義務人出售自用住宅房屋已繳納該財產交易所得部分的綜合所得稅。

4. 於出售自用住宅房屋完成移轉登記日起 2 年內重購者，先購後售者亦適用。

5. 重購自用住宅房屋價額超過原出售價額者。

因舊制是併入個人綜合所得稅計算，若當年度個人所得稅是要繳稅的，則重購退稅的稅金可拿來扣抵所得稅稅金，若個人所得稅不須繳稅，重購退稅的部分即可退稅。

重購自用住宅扣抵稅額以納稅義務人出售自用住宅年度，因增列該筆財產交易所得後所增加的綜合所得稅額為限，但原財產交易所得已從財產交易損失中扣除的部分就不可以再扣抵。

所得稅新制：房地合一稅

2016 年 1 月 1 日起取得的房屋皆適用新制，但若為繼承取得，售屋時是以被繼承人取得房屋的時間點計算，假設被

繼承人是在 2016 年 1 月 1 日以前取得房屋，即適用舊制。

新制和舊制不同之處在於，並不是併入個人所得課稅，而是必須在房屋所有權移轉登記日起 30 日內完成申報。

新制計算所得時，也不像舊制可依財政部制定的所得標準計算。

若當初購買房子的單據沒有留存，無法提出成本證明，成本的部分可能會依土地及房屋的公告現值認定（現值通常都比市價低很多），計算稅金時會很吃虧。新制的所得計算公式為：**售價－成本－費用－土地漲價總數額**，稅率則依持有房屋期間，自 15% ～ 45% 不等。

節稅妙招 1　自用住宅優惠稅率

自用住宅只要符合以下條件，所得在 400 萬元以內免稅，超過 400 萬元的部分，稅率也只要 10%。

1. 個人或其配偶、未成年子女設有戶籍、持有並居住於該房屋連續滿 6 年。

2. 交易前 6 年內，無出租、供營業或執行業務使用。

3. 個人與其配偶及未成年子女於交易前 6 年內未曾適用自住房地租稅優惠規定。

節稅妙招 2　**重購退稅**

　　新制的重購退稅條件與舊制相同，但若是以大屋換小屋，舊制是不能退稅的（因須符合重購自用住宅房屋價額超過原出售價額），新制卻可依比例退稅。

　　假設陳小姐於 2017 年 3 月 5 日購入 A 房地供自住，成交價額為 1,000 萬元，之後於 2019 年 5 月 28 日出售 A 房地，成交價額為 1,500 萬元，且於規定期間內辦理房地合一申報並繳納稅額 80 萬元；又於 2019 年 8 月 1 日再購進 B 房地供自住，價額為 1,200 萬元。

　　因出售 A 房地前 1 年內無出租或供營業使用，且自出售 A（舊）房地至購入 B（新）房地移轉登記時間在 2 年內，故陳小姐可適用重購退稅優惠。按重購價額 1,200 萬元占出

房地合一稅率	
持有期間	稅率
2 年以內	45%
超過 2 年未逾 5 年	35%
超過 5 年未逾 10 年	20%
超過 10 年	15%

資料來源：財政部

售價額 1,500 萬元的比率申請應退還稅額 64 萬元，計算方式為：〔80 萬元 ×（1,200 萬元 ÷1,500 萬元）〕。

　　須特別注意，新制重購退稅有限制重購房地 5 年內仍須維持自住用途，不能作為其他用途或再移轉，否則退稅金額須繳回國庫，舊制則無此限制。

5-3 換屋族申請重購退稅 避踩 5 地雷

政府為了減輕換屋族的負擔,特別規定重購自用住宅用地可以申請退回賣出舊屋所繳納的土地增值稅,然並非所有情境都適用,換屋族仍應留意其限制,以免省稅不成還可能須補稅。

法律小故事 | 自住屋賣舊換新 不一定都可退稅

　　黃先生與太太、孩子以及自己的母親共同住在父親留給他的華廈裡,今年 3 月黃媽媽離世後,黃先生便將華廈房屋出售,另外再購入最近看中的一間位於蛋黃區、屋齡僅 2 年的新大樓物件。

　　因黃爸爸離世已久,黃先生在賣掉房子時,發現土增稅稅金很高,幸好房子都是自住使用,且黃先生的情況適用土增稅的自用住宅用地優惠稅率,土增稅稅金從 80 幾萬元降到 40 幾萬元。另外黃先生也查到,因為他還有購置新房,原先繳的土增稅稅金可以退回。但是他向會計師好友詢問後才知道,不是所有的自用住宅用地都可以申請退稅,還須符合一些條件才適用。

上一節有提到重購退稅的妙招，民眾購買房屋土地作為自用住宅使用，會發現重購退稅是一項重要的事情，但實務上常有民眾在申請退稅後遭到退件，或是遭國稅局要求補稅。由於一般人並非經常買賣新舊土地，也就不容易察覺退稅的相關要件，以及申請時須注意的若干限制。最常見**無法適用土增稅重購退稅的情況**包括以下幾種：

情況 1：舊地與新地的所有權人不同。現在有很多好老公會將房地登記在太太名下，但土增稅辦理重購退稅時，買土地及賣土地的所有權人必須是同一人才可以。若案例中黃先生買新屋的時候，房地都登記在太太名下，就不適用土增稅的重購退稅。

情況 2：舊地出售的前一年內，曾出租或供營業使用。黃先生跟家人住在華廈裡，房地應屬自住使用，但坊間很多民眾開設公司行號時，會將地址登記在自己家中，雖然公司跟房屋都在自己名下，但只要有公司登記在住家地址，土地就算是「營業使用」，不符合重購退稅的要件。假如黃先生有開設公司，且將公司登記在自家，就必須另找地址遷出，待 1 年之後再將原有房屋出售，才可適用重購退稅。

情況 3：新地在 5 年內再出售。依《土地稅法》第 37 條規定，自用住宅要適用重購退稅，新地完成移轉登記後，不得於 5 年內再出售或改作其他用途，否則必須繳回原退還的土增稅稅金。很多民眾不知道該項規定，導致將新房地出租或出售後，原本退回的土增稅稅金又必須繳回給政府。

情況 4：土地所有權人本人、配偶或直系親屬未設戶籍。土地要屬於自用住宅用地，先決條件就是土地所有權人本人、配偶或直系親屬必須設籍在該房地。如案例中黃先生是華廈土地的所有權人，就算黃先生本人沒有設籍，只要太太或小孩其中一人設籍即可。購買新的土地時亦同，要有家人設戶籍在新的房子裡。

另外，設籍時間必須符合情況 3 所述條件，因此要連續 5 年都有家人設籍在新房地內，才不會被追繳稅金。

情況 5：新地移轉申報現值＜（舊地移轉申報現值－土增稅）。簡單來說，重購退稅的條件為新買的土地現值要大於舊的出售土地現值。

以黃先生的例子來看，大多數人會認為蛋黃區的房屋較貴，必然可以符合條件，但事實上，土地的現值計算必須考

量土地持分。黃先生的老家是樓高 7 層的華廈，總戶數 30 幾戶，各戶的土地持分較多；但新大樓總戶數有 300 多戶，土地持分相對少很多，計算出來的現值不一定會高於原先老家的土地現值，因此可能不符退稅條件。

要提醒的是，重購退稅必須在完成所有權移轉登記日的 2 年內申請，至於土地買賣的先後順序則無限制，先賣後買或先買後賣皆可適用。以黃先生為例，若一開始尚未找到老家的買主，就先購買了新屋，只要在完成新屋移轉登記的 2 年內將老家賣掉，並完成老家的移轉登記，就可以適用重購退稅。

▎土增稅重購退稅 常見 5 大誤區

❶ 新房地所有權人登記成配偶

❷ 出售前一年曾經出租或供營業使用

❸ 新房地在 5 年內移轉

❹ 新舊房地未同時設籍或舊房地戶籍太早遷出

❺ 新購土地現值＜舊地出售土地現值

5-4 修繕裝潢費用 賣屋時可抵繳稅

房地合一稅制下，課稅須計算原始取得成本，以及改良所需費用，當中的修繕費用容易被忽略計算，建議在修繕過程中保留單據，才能在日後出售房屋時，作為減免課稅的有利條件。

法律小故事｜裝修費沒索發票 賣房無法認列

　　王小姐於 2016 年 6 月時，用 800 萬元在台北市買了一間中古屋，另外花了 120 萬元重新裝潢，工程行老闆與王小姐協議，若是不開立發票，裝潢費可以給予 5 萬元優待，王小姐為了少付一些裝潢費便欣然同意。

　　2019 年春天，王小姐因為工作關係要搬至台中，決定將房子出售。為了搞清楚賣房子需要繳多少稅，便先到國稅局詢問房地合一稅的相關問題，這才發現，原來裝潢費也可以算在房子的成本裡，但是當初裝潢時沒有索取發票，只有估價單，似乎無法作為憑證抵稅，讓她感到困擾。

房地合一稅制自 2016 年實施以來已多年，但許多民眾對於新舊稅制差異、售屋繳稅的計算方式，以及該如何做好事前準備，仍是要等到實際賣房子的時候才會關心注意，包括課稅所得計算的細節，也不太容易上手。

在此簡單算式提供參考如下：

> 課稅所得＝（交易時的成交價額）－（原始取得成本）－（因取得、改良及移轉而支付的費用）－（依土地稅法規定計算之土地漲價總數額）

原始取得成本除了當初取得房地的價金之外，還包括以下內容：

1. 取得房屋土地後達可供使用狀態前支付的必要費用，如契稅、印花稅、代書費、規費、公證費、仲介費等。

2. 於房屋土地所有權移轉登記完成前向金融機構借款的利息。

3. 取得房屋後，於使用期間支付能增加房屋價值或效能，且非 2 年內所能耗竭的增置、改良或修繕費。

其中裝潢費即屬於第 3 類的費用，但值得注意的是能增

加房屋價值的條件，有固定在房子內的裝潢，例如：水管管線重新設置、粉刷牆壁等，都是可以認列的成本；但若是屬於能搬離房子的家電、家具等，國稅局會認定並沒有增加房屋的價值，就不能算在成本裡。假設王小姐 115 萬元的裝潢費裡，有 15 萬元是用來買家具及家電，那能當作成本的裝潢費就只剩 100 萬元。

持有房產的花費 皆須提出單據證明

最重要的是，所有的成本和費用都必須提示相關的證明文件。雖然王小姐有房屋修繕費用的估價單，但是對於國稅局來說，估價單僅是估價，並不是可靠的支付證明，通常國稅局會要求提供：合約書、發票及付款證明。但有些人甚至只拿到估價單，連合約書都沒有，這時候發票就會成為很重要的證明文件。

以王小姐的案例而言，若是裝潢費不被國稅局認定，以現行持有房地 3 年的稅率 20% 計算，房地合一稅就要多繳納 20 萬元（100 萬元 ×20%），即使王小姐想再請工程行老闆補開發票，但因為 2016 年的發票已經無法回頭再開立，且工

程行可能因為漏開發票，會被國稅局連補帶罰，可能會向王小姐求償當初優惠的金額及其他損失，衍生額外的消費糾紛。

建議民眾未來買房子時，除了所有相關文件要記得收好外，該拿的發票也要拿，否則就真的是省小錢花大錢了！

賣房算錯成本 當心補稅又罰錢

雖然房屋修繕費有抵稅的可能，但屋主在向國稅局申報賣屋成本時如果以低報高，將導致應課稅基礎低估，而有逃漏稅之嫌，若被國稅局查獲恐面臨高額罰鍰，故在申報賣屋成本時應謹慎為之。

舉例來說，屋主向某建商購買訂價 1,000 萬元的房屋 1 戶，因有私人關係介紹，該建商決定以裝潢費名義，按每戶 100 萬元折讓價金，實際以 900 萬元的優惠價格成交。後續屋主以每戶 1,100 萬元的價格出售，且根據當時契約訂定的 1,000 萬元價金申報為房屋成本，造成實際獲利 200 萬元，卻僅以 100 萬元為課稅基礎繳納稅捐。

如果屋主出售房地時高估原始取得成本，致使國稅局低估他賣屋獲利的應課稅基礎，即可能產生逃漏稅的嫌疑。依

據《所得稅法》第 108 條之 2 第 2 項規定，房屋、土地交易所得申報，有漏報或短報的情況，將被處以所漏稅額 2 倍以下罰鍰。

以上述例子來看，高報了 100 萬元的房屋取得成本，產生低估 100 萬元應課稅的情形，假設因為持有這筆房地 3 年，適用房地合一稅率 35%，逃漏稅捐金額可能達 35 萬元。換言之，如果國稅局查獲此事，屋主除了必須補繳稅金，更可能額外被處以所漏稅額 2 倍，達 70 萬元的高額罰鍰。

提醒買賣房屋交易的民眾，我國《所得稅法》建立於「凡有所得必課稅」的公平原則，不論是買方或賣方，都應以實

Tips

┃ 房屋取得成本包含哪些？

❶ 買入成交價額。

❷ 房地所有權移轉登記完成前向金融機構借款的利息支出。

❸ 購入房屋、土地達可供使用狀態前支付的必要費用，如契稅、印花稅、代書費、規費、公證費、仲介費等。

❹ 取得房屋後，於使用期間支付能增加房屋價值或效能，且非 2 年內所能耗竭的增置、改良或修繕費。

哪些裝修費用可以列報？

❶ **可以列報**：固著於房屋、無法隨時拆卸的設備或裝潢，如洗手台、馬桶、浴缸、水電管線、不能拆卸的木作等。

❷ **不能列報**：可隨時拆卸和移動的設備或裝潢，如系統家具、可拆式木地板、木桌椅、冷氣、家電、鐵鋁窗、曬衣架等。

際取得及出售的金額向國稅局申報。如果確實有房地原始取得成本產生，例如裝潢費用等，應妥善保留裝修公司所開立的發票，做為申報時的佐證，並以房地「實際取得成本」申報，避免發生逃漏稅情形而受罰，得不償失。

5-5 搞懂預售屋交易眉角可避重稅

為抑制預售屋炒作，2021 年 7 月上路的房地合一 2.0 特將預售屋交易納入課稅範圍，不過預售屋的成交價、持有期間，以及重購退稅等規定都與一般房地交易不同，民眾應多加留意。

近年來台灣房價居高不下，政府雖於 2016 年推出房地合一稅打房，卻因房地合一稅 1.0 未規範預售屋交易，大量投資客將目標轉向預售屋，導致後來紅單交易猖獗。政府遂於 2021 年 7 月推出房地合一稅 2.0，將預售屋交易納入課稅範圍。

至於預售屋課稅所得應如何計算，如同一般房地交易，課稅所得計算公式如下：

課稅所得＝房地成交價額－取得成本－相關費用－土地漲價總數額
應納稅額＝課稅所得 × 適用稅率

其中的「相關費用」須提出憑證，若賣方於申報房地合一稅時，無法提示相關憑證，可依成交價的 3% 推計費用，上限為 30 萬元。然而民眾可能會好奇，轉賣預售屋在推計 3% 費用時，所謂的成交價究竟是以建商出售的總價為成交價，抑或是轉售價格為成交價？

　　假設建商出售預售屋給張先生，出售總價訂為 2,000 萬元，張先生僅先支付 100 萬元給建商，8 個月後張先生加價 100 萬元，以 200 萬元的價格將契約轉售給他人（與建商之間的買賣契約價金仍維持 2,000 萬元），以 2,000 萬元推計 3% 費用顯然不合理，目前國稅局亦認定是以「轉售價格」為成交價。

　　上述例子中，若張先生無法提示相關費用憑證，則可認定的費用為 6 萬元（200 萬元 ×3%），課稅所得（獲利部分）為 94 萬元，因持有房產未滿 2 年，適用房地合一 45% 稅率，故須繳納 42.3 萬元（94 萬 ×45%）稅金。若張先生有保存相關費用證明，例如：仲介費、廣告費的發票或收據等，金額超過推計費用的 6 萬元，當然就會比用推計 3% 計算費用來得划算。

預售屋轉成屋 登記時間為課稅關鍵

當預售屋轉為成屋後，屋主要賣房，持有期間應該如何計算？這部分可以從以下的例子來了解：

王先生於 2017 年 1 月向建商購買新北市精華地段的預售屋，總價 5,000 萬元，建案於 2019 年 11 月完工，並於當年 12 月交屋、移轉所有權。隨著房市大漲，王先生於 2022 年 2 月以 6,000 萬元價格將房子出售並辦理移轉登記。

王先生申報房地合一稅時，誤以為房屋的持有期間是從購買預售屋時起算，便以持有超過 5 年的 20% 稅率計算稅金，向國稅局申報後繳納了 195 萬元。但經稽徵機關調查後，發現王先生持有期間計算錯誤，不動產以登記為要件，預售屋轉成屋，持有期間應從房屋興建完成後的房地所有權登記日起算。

因此，王先生應自 2019 年 12 月起計算持有期間為 2 年 2 個月，適用稅率 35%，稅金應為 340 萬元，王先生尚須補稅 145 萬元。

房子沒蓋好無法設籍 預售屋不適用重購退稅

另外，很多人關心轉售預售屋之後 2 年內購買自住房可

否適用重購退稅？對此，現行法規為了減輕民眾換屋時的負擔，民眾重購「自住房地」時，無論是先買後賣或先賣後買，房地合一稅及土增稅皆可享有重購退稅。但《所得稅法》及土地稅法皆規定須符合特定條件，才可適用，其中一項條件為「設籍」。預售屋因房屋還沒蓋好，土地也還不是購買人持有，自然無法設籍，也就不適用重購退稅，這些條件的差異，民眾在投資不動產的時候須多加留意。

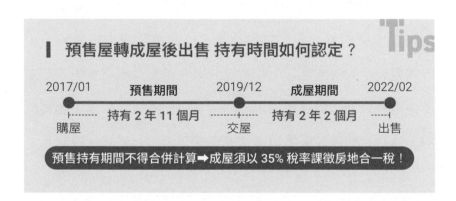

預售屋轉成屋後出售 持有時間如何認定？

2017/01	預售期間	2019/12	成屋期間	2022/02
購屋	持有 2 年 11 個月	交屋	持有 2 年 2 個月	出售

預售持有期間不得合併計算 ➡ 成屋須以 35% 稅率課徵房地合一稅！

再次叮嚀重購退稅的 3 個要件

❶ 出售舊房地和重購新房地時間差距在 2 年以內。

❷ 個人或配偶、未成年子女於新、舊自住房屋已辦竣戶籍登記並居住。

❸ 舊房地於出售前 1 年內無出租、供營業或執行業務使用。

5-6 聰明房東這樣做 節稅省很大

民眾買房除了自住，多半也有考慮出租以賺取房貸費用，倘若屋主能夠再多做一件事，申請為公益出租人，還可搭配相關的稅負減免優惠，省下可觀稅金。此外，如果自宅符合自住條件，則可依自用住宅優惠稅率省下大筆稅金，但須注意設籍和出租、營業等問題。

法律小故事 ｜ 包租婆只做 1 件事 稅金省超多

　　小張除了一般上班族的工作，還有一間房子在收租。小張一開始認為當房東應該不困難，每個月只要等著收租金就好，沒想到事情沒那麼簡單。除了常需要解決房客提出的屋況問題或修繕，更令小張訝異的是，他與房客住在同一棟大樓裡，出租房子的房屋稅卻比自己住的還貴 1 倍，地價稅則差得更多。

　　某天早上小張出門上班時，剛好遇到當包租婆多年的鄰居王媽媽，聊到房東經驗分享。王媽媽說這兩年申請為公益出租人，稅負降低很多，小張開始好奇，到底什麼是公益出租人？需要什麼條件？又可以節省多少稅金？

許多人聽到公益出租人，總以為只要房東把房子租給中低收入戶，或者領有身心障礙補貼者，就可以當個有愛心的包租公、包租婆。然而，要成為公益出租人，仍有一些條件必須符合，否則無法享有稅負減免的優惠。

如果民眾考慮不只是當個房東，而是願意成為公益出租人，在將房屋出租之前，必須注意 3 個申請條件和稅金優惠的計算方法。以下分為 2 個部分說明。

符合 3 條件 可申請成為公益出租人

條件 1：房東（房屋所有權人）與租約上的出租人須為同一人。若房子是在老公名下，但因為租金是老婆在收，與房客簽訂租約時，出租人是用老婆的名義，這樣就不符合資格。

條件 2：將房子出租給「符合租金補貼申請資格」的房客。租金補貼包含政府辦理的各種租金補貼方案。例如每年 8 月或隔年 2 月辦理的住宅補貼方案、各地方政府辦理的低收入戶及中低收入戶租金補貼、身心障礙者租金補貼等。

條件 3：經直轄市、縣（市）主管機關認定者。認定方式採「政府直接認定」及「屋主自行申請認定」等 2 種方式。

政府直接認定是指房客向政府申請租金補貼時，會一併提交房東名字等資訊，由政府直接認定。另外一種則是房東自行向直轄市、縣（市）政府申請成為公益出租人，經認定符合資格後，會核發一張「公益出租人認定函」。

3 項稅負都減免 優惠很有感

1. **個人所得稅：每屋每月租金收入免稅額最高 1 萬 5 千元**。以案例中的房東小張為例，他與房客簽訂租約，假設每月租金為 1 萬 6 千元，而房東租金收入的 57% 必須計入綜所稅，小張原本的個人所得稅率是 12%，自從多了租金收入，稅率升為 20%。以下單就租金收入部分計算所得稅：

優惠前：1 萬 6 千元 × 12（月）× 57% × 20% ＝ 21,888 元 / 年

優惠後：（1 萬 6 千元 － 1 萬 5 千元）× 12（月）× 57% × 12% ＝ 820 元 / 年（1 萬 5 千元為免稅額）

如果小張成為公益出租人，他的個人所得稅金約可減少 2 萬多元。

2. **房屋稅：適用自用住宅優惠稅率 1.2%。**成為公益出租人後，房屋稅可適用自用住宅優惠稅率 1.2%，與原本出租時稅率 2.4% 相比，可減少一半稅金。若出租的是新成屋，因新房子現值高，優惠更加明顯，房屋稅稅金假設為 21,600 元，優惠後即降為 10,800 元。

3. **地價稅：適用自用住宅用地稅率 2‰。**地價稅優惠可適用自用住宅用地稅率 2‰，與原本出租時稅率 10‰ 相比，只剩下 5 分之 1 的稅金。假設原本地價稅稅金為 5,000 元，優惠後即降為 1,000 元。

此外，如果房東的認定方式是採「政府直接認定」，並不會核發「公益出租人認定函」，建議民眾可上營建署「公益出租人查詢網」，查詢自己是否符合公益出租人身分，讓自己不僅能減輕稅額，也可以幫助需要住房的弱勢朋友。

公益出租人稅負優惠		
稅負名稱	優惠內容	房客身分
房屋稅	同自住住家用稅率 1.2%	符合租金補貼申請資格者，不論是否有接受租金補貼均可享有此優惠。
地價稅	同自用住宅用地稅率 2‰	同上
綜合所得稅	享每屋每月租金收入最高 1.5 萬元免稅優惠	符合租金補貼申請資格者，須為獲租金補貼者。

資料來源：內政部不動產資訊平台

5-7 久居海外或借人設籍 自住優惠恐泡湯

新冠肺炎疫情讓許多台商近期無法回台灣居住，但因出境逾 2 年，戶籍遭強制遷出，恐導致地價稅無法以自住稅率計算，此時可考慮由直系親屬遷入原戶籍，讓房產維持自住要件。

法律小故事｜出境逾 2 年 地價稅不再享自住優惠

　　王先生在美國工作，通常每半年回家探望父母，但自從受到新冠肺炎疫情影響，不便旅行，又要顧及當地工作，於是滯留在美國，卻因為出境時間超過 2 年，依照《戶籍法》規定，王先生必須遷出戶籍，導致在台北房子的地價稅被改為一般用地，稅金差距相當大。王先生只好拜託母親四處打聽有無解決方法。

　　剛巧，王媽媽所居住的大樓社區鄰居陳太太，也因為此事，注意到自己現居大樓房子和老公寓兩處，房屋稅與地價稅並非都有優惠稅率，而請王媽媽一起找專家詢問如何處理。

過去常有台商或國人出國工作，超過 2 年沒有回台灣，依照《戶籍法》第 16 條第 3 項前項規定「出境 2 年以上，應為遷出登記」，因排不出時間入境或辦理遷出，導致在台灣的房屋地價稅被取消適用優惠稅率。也有民眾因為新冠肺炎疫情關係，旅居海外不便回國，或者不願意冒著感染風險旅行，向政府陳情是否可以暫緩辦理遷出，但因遷徙是事實行為，仍應依事實認定，並辦理遷出。

案例中的王先生，擔心自己無法回台灣，戶籍恐遭強制遷出，影響地價稅率優惠，現行地價稅一般用地的稅率為千分之 10 至千分之 55，採累進課稅，若申請自用住宅優惠稅率，僅需千分之 2，兩者稅金差距可能達到數千元甚至數萬元。

申請優惠稅率的要件之一就是設有戶籍，若戶籍遭遷出，就會被改用一般稅率課稅。但其實設戶籍的人不一定要是土地所有權人本人，只要配偶或直系親屬有人設籍在房子裡，就合乎要件。

案例中的王先生其實可以不用太擔心，王先生名下的房屋，如果沒有出租給他人，想要繼續保有課稅優惠，只要將

王媽媽的戶籍移到他的房子中，並在當年度 9 月 22 日前提出申請適用自用住宅優惠稅率，當年度就可以繼續適用。至於王先生爸媽的房子，因為爸爸還設籍在裡面，且王先生並非未成年子女，不受一處的限制，所以爸媽的房子也依舊可適用優惠稅率，這樣一來，問題就可以解決。

除了遷戶籍 也必須主動向稅捐處提出申請

另外，案例中王媽媽的鄰居陳太太提到，自家的房屋稅適用自用住宅優惠稅率，可是地價稅卻是一般稅率，同樣是自住，不是標準應該一致嗎？其實地價稅和房屋稅適用自用住宅優惠稅率的要件不同，房屋稅的要件不須設籍，而以是否實際居住來認定。

以陳太太的案例，最好能趕緊將戶籍遷至現居大樓，並向稅捐處提出申請，其他家人則依舊設籍並住在老公寓。兩間房子的地價稅及房屋稅，就可以適用自用住宅優惠稅率。

提醒民眾，想讓房地符合適用優惠稅率的條件，記得要自行向稅捐處提出申請。如同案例王先生的地價稅，已經被稅捐處提醒要改為使用一般稅率，王媽媽除了將戶籍遷過去，

也要記得在時限內提出申請。若是王媽媽只遷戶籍，而忘記向稅捐處申請使用自用住宅優惠稅率，隔年王先生的地價稅還是會採用一般稅率計稅。

借人設籍 房屋自住優惠恐泡湯

還有一種值得注意的情況是，購買二手屋時，若原屋主未將戶籍遷出，房屋用途認定可能會有灰色地帶。如果無法證明沒有出租或營業行為，就不能適用自用住宅優惠稅率，應納稅額可能相差數倍。

如前所述，地價稅依《土地稅法》規定，必須是土地的所有權人、配偶或直系親屬（如父母、祖父母、子女）在該地設有戶籍，且無出租或營業用，始得適用 2‰ 的優惠稅率，否則應適用 10‰ ～ 55‰ 的累進稅率。

其次，房屋稅依《房屋稅條例》規定，須有房屋所有權人、配偶或直系親屬實際居住，且無出租使用，才可以適用 1.2% 的優惠稅率，否則應依各縣市自治條例規定，適用 1.5% ～ 3.6% 不等的稅率，其間的差異不小。

如果戶籍另有登記非親屬的其他人，可能會被國稅局認

定房地有租賃行為，而無法適用自用住宅的優惠稅率。因此專家建議，購買中古屋時，若面臨原屋主暫緩遷出戶籍的要求，應於當下請原屋主簽訂「無租賃關係申明書」，以利之後申請自用住宅稅率時，向國稅局證明該房地確實沒有租賃行為。

此外，如借籍登記者不願將戶籍遷出，屋主可以房屋所有權人名義，向戶政機關提出「逕為遷徙」申請，以確保自身權益。

另外提醒，如本章 5-2 節所提到的土地增值稅、房地合一稅等部分，也都有期限內需要設籍和不得出租或營業的相關規範，屋主也宜多加注意，以免在房屋出售時失去自住優惠稅率的資格。

最後，茲整理本章所提到的各種房地稅務相關資訊如下表，建議民眾可多加比較，找出對自己最有利的繳稅方式。

4 種稅負的自住優惠稅率及條件

繳納時機	持有房地期間繳納		出售房地時繳納	
稅別	**地價稅**	**房屋稅**	**土增稅**	**房地合一稅**
一般稅率	10‰ ～ 55‰	1.5% ～ 3.6%	20% ～ 40%	15% ～ 45%
自住優惠稅率	2‰	1.2%	10%	售屋獲利在 400 萬元以內免稅，超過部份 10%。
居住或設籍要件	土地所有權人、配偶或直系親屬在該地設有戶籍，且無出租或營業使用。	房屋所有權人、配偶或直系親屬實際居住，且無出租或營業使用。	❶ 一生一次：房地所有權人、配偶或直系親屬設籍，出售前 1 年沒有出租或營業行為。 ❷ 一生一屋：符合上述設籍要件，並連續持有房地 6 年，出售前 5 年不得有出租或營業行為。	房地所有權人、配偶或未成年子女在該地設有戶籍，並連續居住 6 年以上，交易前 6 年不得有出租或營業行為。
數量限制	土地所有權人、配偶及未成年之受扶養親屬以一處為限。	房屋所有權人、配偶及未成年子女全國合計 3 戶以內。	―	―
面積限制	都市土地以 300 平方公尺為限，非都市土地以 700 平方公尺為限。	無規定	❶ 一生一次：都市土地面積未超過 300 平方公尺或非都市土地面積未超過 700 平方公尺部分。 ❷ 一生一屋：出售都市土地面積未超過 150 平方公尺或非都市土地面積未超過 350 平方公尺部分。	―
申請日期	當年度 9 月 22 日前申請，當年度即可適用，當年度 9 月 23 日後申請，則次年度才可適用。	當月 15 日前申請，當月即可適用，當月 16 日後申請，即次月起適用。	―	―

NOTE

第 6 章

財產繼承——法律篇
儘早規劃有備無患

6-1 驟逝親人生前留債 該繼承或拋棄？

親人驟逝，家人哀痛之餘，也必須面對繼承問題，若繼承人不清楚逝者生前財務狀況，最好在適當時間，使用國稅局單一窗口查詢，並了解繼承相關程序，以安心面對家庭事務。

 法律小故事｜父親生前留債 該繼承或拋棄？

　　耀輝很早就離家北上念書、工作，久久才會回南部探望經營小工廠的父親。不料父親突然生了一場重病，都還來不及交代後事就突然離世。儘管有些措手不及，耀輝還是忍住悲傷，帶著弟弟、妹妹辦理後事，同時也要處理父親生前經營的小工廠。

　　耀輝整理父親名下財產及帳務之後才發現，工廠雖仍有價值，但早已抵押且留有不少債務，擔心外界追討，只好和弟妹們商討如何承擔。

「父債子還」的情況，過去常發生在現實社會中，如今也仍有許多電視劇及電影將相關情節編入劇情中，可見還是有不少人因為不了解現今《民法》對於繼承的規定，而存有錯誤觀念。

有關繼承制度，過去我國《民法》曾規範若繼承人未拋棄或限定繼承，不僅將會繼承被繼承人的財產，同時也得被迫繼承一切債務，也就是所謂的「概括繼承制度」。因此，經常發生逝者積欠的債務多過於所留遺產，家中妻小還得以自身財產償還，即俗稱的「父債子還」。

然而我國《民法》自 2009 年 6 月 12 日起，已改採「概括繼承之有限責任制」，按《民法》第 1148 條針對被繼承人的債務部分規定，繼承人僅以其繼承所得之遺產範圍內，負擔清償責任。

即便如案例中耀輝的父親，積欠債務多於其所留的遺產，耀輝也不須以自身財產來償還其債務。

不想承接債務 3 個月內須提出拋棄繼承

為了讓未拋棄繼承的繼承人，可以用逝者所留遺產清償

逝者債務，《民法》第 1156 條規定，繼承人於知悉其得繼承之時起 3 個月內，得向法院陳報遺產清冊，藉此確定被繼承人遺產及債務狀況，讓繼承人能夠順利完成相關應行事項。簡單來說，耀輝在父親過世之後的 3 個月內，必須把握時間辦妥相關手續。

在案例中，耀輝與他的弟妹們，有可能不想繼承父親任何遺產與債務，也就是《民法》中的「拋棄繼承」制度。這時候耀輝必須在父親過世後 3 個月內，以書面向父親生前住所當地法院提出「拋棄繼承聲請」，以表示不繼承父親遺留財產的一切權利及義務，耀輝也必須以書面通知其他應為繼承之人，包括弟妹與得以繼承的親屬。

耀輝如果事後反悔拋棄繼承，又該如何處理？按目前司法實務見解，一旦合法聲請的拋棄繼承到達法院後就會即刻生效，因此，**拋棄繼承人不得再向法院撤回**，此目的主要是為了維護繼承關係的安全，以及其他共同繼承人與利益關係人的權益。換句話說，向法院聲請拋棄繼承，是不能再反悔說要取消的。

耀輝家裡發生的情況，一般家庭也都有可能會碰到，像

是妻子不清楚先生財務，或子女根本不了解父母親的財產狀況，這樣家裡若不幸發生巨變，就會難以判斷到底應不應該繼承逝者遺產，或者必須選擇拋棄繼承。

善用國稅局查詢服務 了解親人生前財務狀況

建議相關繼承人應把握時間，盡速至國稅局調閱被繼承人財產、所得及贈與資料，同時使用國稅局的單一窗口查詢服務（有別於過去繼承者須跑遍各家銀行查詢，故稱「單一窗口」），調閱被繼承人金融遺產資料。進行這些程序之後，會有接續事項：

1. 國稅局會交付一份「遺產稅財產參考清單」予申請者，該清單載明被繼承人的財產（不動產、公司資產等）、稅務及贈與資料。

2. 國稅局的單一窗口受理申辦作業後，會通報金融機構，讓各家金融機構查詢被繼承人所有金融遺產，包括存款、基金、上市櫃及興櫃有價證券、短期票券、人身保險、期貨、保管箱以及貸款與信用卡債務等資料。

3. 國稅局將依查閱人勾選的方式，以掛號郵寄回覆查得

的金融遺產資料，或由查閱人自行於申請後 30 個工作日起，至財政部電子申報繳稅服務網「金融遺產電子資料申報服務」專區下載，或自申請後 30 個工作日起，透過「遺產稅電子申辦軟體」下載資料。

辦理繼承相關事項 留意程序的時效性

案例中的耀輝如果完成上述程序，取得國稅局回覆資料，接下來就要向法院遞件聲請「陳報遺產清冊」，以開啟概括繼承的有限責任制，或向法院遞交「拋棄繼承」聲明，這樣才能合法且兼顧繼承人權益。

如果耀輝決定要聲請拋棄繼承，一旦法院經過形式審查，認為所備文件均無誤後，法院就會核發「准予備查函文」予拋棄繼承人，聲明其繼承權於繼承開始時即失去效力，也就是耀輝父親過世時，耀輝即拋棄繼承。

要提醒的是，繼承的程序都具有**時效性**，因此，自親屬離世起，家人除了須打起精神處理後事，對於逝者遺留的財產及債務，亦須把握時間進行相關法律及稅務程序。許多人在悲愴又不明瞭法制情況下，常會因此犧牲繼承權益。

　　此外，高齡長者若能於生前尋求法律及會計專業協助，做好身後財產規劃、擬定遺囑並清晰交代財務狀況，也比較能從容面對生命課題，留給子女體貼的祝福。

▌處理驟逝親人財務 SOP

Step 1　到國稅局的全功能櫃台調閱被繼承人「遺產稅財產參考清單」。

Step 2　同時申辦「金融遺產查詢服務」，讓國稅局通報各家金融機構，查詢被繼承人所有金融遺產。

Step 3　取得國稅局查得之資料後，向法院遞件聲請「陳報遺產清冊」。

Step 4　檢視被繼承人資產狀況，評估遺產及負債比例，決定該繼承遺產或拋棄繼承。

Step 5　若評估後選擇拋棄繼承遺產，須於被繼承人死亡日起算3個月內辦妥相關手續。

6-2 父母過世 子女能否提領餘款？

父母健在時雖可授權子女協助管理財產，一旦過世則不具有權利能力。儘管目的是為了家用，子女任何一方也不得擅自領用父母財產，以免親族之間難以處理繼承事宜，甚至吃上官司。

 法律小故事 ｜ 母驟逝 孝子提領帳戶餘款遭控竊盜

K 先生大學剛畢業，母親卻突然中風，行動不便在家休養，他考慮到弟妹都在外地就學，沒辦法輪流照顧，父親也已過世，只好暫時辭去工作在家照顧母親，並獲母親授權將其名下房產拿去抵押貸款 200 萬元，存入母親帳戶中，每月提領數萬元，因應日常開銷及償還貸款。

不料 K 先生日前帶母親到醫院回診，返家途中遭到一輛小客車撞擊，駕駛人肇逃，母親送醫不治，K 先生大腿骨折。出院後 K 先生想到一旦將母親辦理除戶（死亡登記），便無法隨時從銀行提領存款，且急需支付喪葬費用，就先拿母親的存摺及印章前往銀行，分次領取帳戶餘款。

K 先生的阿姨聽聞此事，傷心之餘，認為這可能影響 K 先生弟妹的權益，因而向地檢署告發 K 先生偽造文書，並提告竊盜罪。

在 K 先生的母親過世後，相關財產如何處理？難道不能直接依據母親過去囑咐的方式，動用銀行帳戶款項，將後事辦妥？孝順的 K 先生為了省麻煩，在辦理除戶前先到銀行提領母親帳戶的錢，到底有什麼不對？一般人在遇到家中父母過世之後，究竟能否延續父母生前委託或授權同意運用財產的方式，繼續處分父母財產？

依據《民法》第 6 條規定：「人之權利能力，始於出生，終於死亡。」因此，雖然 K 先生的母親生存時，每月授權 K 先生持其存摺及印章提領存款，但是 K 先生母親死亡後，自然人的人格消滅，不再具有權利能力。

人一旦離世 財產立刻變遺產

依據法規，K 先生的母親過世，就無從授權 K 先生持其存摺及印章提領存款。換言之，K 先生不能再認為自己可以像從前一樣，動用母親的財產，因為母親過世後，這些財產都已經變成遺產，要用處理遺產的規定與方式看待。

K 先生應在母親過世 1 個月內，持自己的身分證、印章，以及母親的死亡證明正本、戶口名簿及身分證，至 K 先生母

親戶籍地的戶政事務所辦理除戶登記，再向國稅局申報及繳納遺產稅後，他與弟弟、妹妹等繼承人才能辦理分割、處分遺產，動用母親帳戶內的餘款。

　　K 先生是否如阿姨所指控的有竊盜犯行，尚待釐清，但因為經濟狀況有限的 K 先生，急著在除戶登記完成前，支付喪葬等費用，有提領母親生前存款的必要，這種情況在實務上也相當常見。

遺產屬於全體繼承人 處分前須取得授權

　　K 先生每個月固定到銀行提領款項，銀行雖然不會特別過問，但因為 K 先生是在母親過世後到銀行大額提領，必須提出死亡證明書、繼承系統表、繼承人印鑑和繼承存款申請書等，加上繼承人不只 1 人，還須取得弟妹的委託書，才合乎提領的程序，銀行也會註記。此外，K 先生事後還要處理遺產稅相關事宜。

　　很多人認為除戶登記後銀行會凍結帳戶，提領存款較為麻煩，可能會求個方便，趕在除戶登記前，先處理帳戶存款，但在整體繼承財產未明之前，單獨一方擅自領取被繼承人的

財產，將會影響其他繼承人的權利，恐怕容易出現問題，應該妥善處理。

由於遺產屬於全體繼承人，仍建議一般民眾遇到這樣的情況，還是先尋求全體繼承人的授權，再處分父母留下來的遺產，避免日後產生爭議與訴訟。

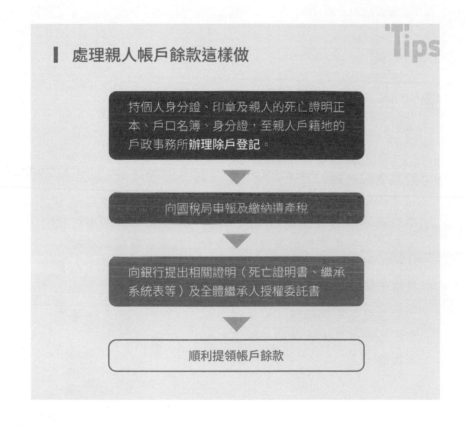

Tips

▌**處理親人帳戶餘款這樣做**

持個人身分證、印章及親人的死亡證明正本、戶口名簿、身分證，至親人戶籍地的戶政事務所**辦理除戶登記**。

↓

向國稅局申報及繳納遺產稅

↓

向銀行提出相關證明（死亡證明書、繼承系統表等）及全體繼承人授權委託書

↓

順利提領帳戶餘款

6-3 繼承海外遺產 2 道程序不可少

已故親人若有海外投資所得，如何計算及課稅，往往讓繼承者相當困擾。假設親人不幸在海外身故，也牽涉由誰繼承及認證的問題。海外投資財產傳承眉角多，投資者一定要搞懂。

法律小故事 │ 高齡投資者憂心海外資產繼承問題

李先生因為經商的關係，經常美國、台灣兩邊跑，對投資理財頗有概念的他，不只投資台灣股市，也趁著在美國出差期間直接於當地開戶，購買美國股票與債券，讓自己手上的資金能有不同配置。但考慮年事漸高，擔心分別住在美國和台灣的兩名子女，將來若有繼承問題，該如何處理這些國外投資，一度考慮先行暫停，卻又考量投資效益及債券到期日等問題而作罷。

李先生未雨綢繆，於是請朋友幫忙找理財專家或律師，希望能解答困惑。

投資海外股債市場，除了透過國外證券期貨業者或國內券商的複委託服務，亦有人直接於國外開戶，購買股票、債券等商品。但國人在投資後如果不幸身故，會產生台灣法和財產所在地法兩者適用的法律衝突。而繼承者若要繼承父母親的海外投資所得遺產，還必須先了解國外繼承程序。

因此，想要進行境外投資前，應了解投資管道、投資地法律，以評估未來繼承及稅務的相關風險，如案例中的李先生以及繼承的家人，都必須注意，才能在一旦需要辦理相關程序時有所準備。

以李先生的兒女為例，未來若有繼承李先生的海外投資，必須經歷以下 2 道法律程序。

程序 1：依照國外當地法律 繳納遺產稅

如被繼承人（即身故者）在國外有遺留資產，其在國外的財產必須依財產所在國家的法律規定繳納遺產稅；被繼承人之遺屬在國外辦理繼承這部分資產時，須先依照當地的法令申報、繳交遺產稅，再進行抵稅。

簡單而言，繼承人須在國外完成過繼，依當地法律繳納

遺產稅，並取得國外繳稅證明文件，再至台灣申報，檢附於所得稅申報書，以證明於國外已課徵遺產稅。也因為國外、國內課徵的標的是同一個，所以可以抵稅。

程序 2：依照台灣法律 進行遺產認證

依台灣《涉外民事法律適用法》第 58 條規定，「繼承，依被繼承人死亡時之本國法」，也就是關於繼承開始的原因、繼承資格、順序、喪失繼承之事由，應以中華民國法律為準據法。因此，如國人投資海外而有死亡情事，就海外資產之合法權屬，由誰為繼承人仍應依台灣法律認定，案例中李先生若有此情況，也是要依照台灣法律來認定。

遺產認證程序（Probate）主要是確認死者資產的合法權屬關係，但此程序耗時甚久，一般人因不了解當地法規，且須於國外進行，通常要花費高額的國外律師費用。這類的程序視當地各法律規定而有所差異，一般須檢附死者、遺產、繼承人、債權人等資料，進行公告並分配遺產。

具體做法須檢附死者死亡證明、證明繼承權的文件資料、遺產整理、估價等，而外國法院也會先視死者的國籍或生前

居住地，以決定繼承要適用的準據法，並請繼承人向準據法國的律師取得法律意見，確認該繼承人有繼承權；如死者立有遺囑，也須確認該遺囑為合法有效。

　　民眾如果投資項目在海外，若因身故要由繼承家人子女處理相關遺產稅的課徵，多半相當耗時，費用也可能不低，建議若要在海外投資，最好事前審慎評估，不論是自己投資或委託海外券商進行，應充分了解當地法規，並詳閱開戶投資等規定，以免自身權益受損。

省去遺產認證程序的其他方式

❶ **開設聯名帳戶**：投資人若在國外與配偶或家人開設聯名帳戶，即可省去遺產認證的繁雜流程，但是否能藉此減免遺產稅，建議投資人仍須進一步了解當地法律。

❷ **辦理信託**：透過信託方式可以省掉遺產認證程序。但須注意，財產信託並不代表一定可以節省遺產稅，仍須視信託內容而定，例如訂定不可撤銷之信託，才能避免課徵遺產稅。

6-4 共同繼承房產 意見不合怎麼辦？

許多大家族經歷幾代傳承之後，共同繼承人數歷次增加，以至最終引發分產問題，甚至演變成對簿公堂的局面。究竟民眾該怎麼處理，才能免除家族紛爭？

繼承人之間就遺產分配無法達成協議的情形甚多，除了需要耐心花時間溝通，更須以妥善的方式尋求多數共識，以顧及各方意見。尤其是遺產中如果有不動產，各繼承人間又難以達成協議，該怎麼辦？依規定，在這種情況下仍可辦理繼承登記，各繼承人對遺產均為「公同共有」。

在法律上，公同共有與分別共有的區別在於，前者的處分及權利行使除了法規特別規定外，需得全體共有人同意，後者則可自由處分個人應有部分，因此，如果各繼承人對於公同共有的遺產處分或利用沒有共識的話，將造成利用上的困難。

處分共有不動產沒共識 5 種方式解決

共有的不動產如無法有共識，應如何達到更好的利用？建議民眾可以透過下列 5 種方式解決：

方式 1：將持分賣給其他共有人。 共有人之一可透過市價將不動產賣給其他共同繼承持有人，而其他持有人可以整合產權後完整利用。但此方式缺點在於必須是各共有人已辦理分別共有，如果是在公同共有關係下，無法交易持分。

方式 2：以持分抵押質借貸款。 不動產持分仍有客觀價值，共有人之一可將其持分作為抵押品申請貸款，變現做其他利用，但實務上較不常見此種利用方式，因較難以持分申請貸款而為其他利用。

方式 3：以多數決方式出售，由共有人按持分比例均分。 依《土地法》第 34 條之 1 規定，共有人過半同意及應有部分也過半同意，得將共有物處分或變更。共有人可透過此方式賣給他人，再按持分比例將出售後的價值分給所有人。

方式 4：向法院聲請共有物分割。 共有人無論為公同共有或分別共有關係，除法律另有規定或有協議外，均可向法院請求共有物分割，但應留意如僅辦理繼承登記，繼承人間

公同共有關係尚未消滅，須一併請求分割遺產及消滅公同共有關係。實務上分割方式有下列 3 種：①原物分割，共有人依比例分配，或僅部分共有人受分配；②原物分配兼金錢補償，原物分配後，未受分配或受分配部分未達到原應有部分比例，得以金錢找補；③變價分割，將共有物拍賣，各共有人依應有部分分配金錢。以這種方式處理，各共有人得可參與競標，如果是共有人之一得標，其他共有人不得主張優先購買權，若為非共有人得標，共有人可主張優先購買權。

實務上，法院針對分割方案雖有自由裁量權，不受共有人主張拘束，但仍須考量各共有人間的利害關係、經濟效用和現在使用狀況，法院通常會考量面積大小及實際價值，是否與應有部分相對應，且會透過鑑價方式認定分割方法是否公平、考量各共有人分得土地是否可對外通行，以避免分割後成為無路可走的袋地或是畸零地，或是否有建築套繪管制而導致不能建築等問題。

方式 5：聲請調處。如各共有人最終無法協議，仍須透過訴訟途徑解決爭議，但對簿公堂也會造成家族間感情分裂，且訴訟過程通常相當繁瑣耗時。

　　對此建議，內政部在各直轄市、縣（市）設有不動產糾紛調處委員會（以下稱「調處會」），可提供民眾訴訟以外的解決糾紛管道。

　　如果透過調處會進行調處，相較於訴訟程序，可能比較迅速且容易解決爭議，如當事人無法達成協議，或任一方經調處會 2 次通知未到場，調處會仍會依相關資料及當事人意見進行裁處。而當事人如不服調處結果，須於收到通知後 15日內向法院起訴，如超過 15 日未起訴、被法院駁回起訴、或事後撤回起訴，當事人可檢附相關證明文件，用書面陳報該直轄市、縣（市）政府，依照調處結果辦理。

公同共有 vs 分別共有

項目	公同共有	分別共有
定義	共有人共同擁有全部產權，沒有持分比例。	共有人分別持有共有產權的特定比例。
適用情境	當其他繼承人不願配合，導致無法辦理分別共有時，得由1人申報遺產稅，並辦理公同共有。	不動產共同繼承人達成共識，得各自持有特定比例。
優點	可解決被繼承人剛離世時，繼承者們對於產權分配有意見的情況。	產權明確、分割容易。
缺點	產權不明確，易有繼承糾紛。	無

6-5 再婚前這樣做避免遺產爭議

長輩的再婚對象，依《民法》得以與子女平均繼承其遺產，但此舉也可能招致子女的反彈，若要平息紛爭，究竟是該事先預立遺囑、請再婚對象簽切結放棄繼承，還是有第 3 種解決辦法？

 法律小故事 | **高齡投資者憂心海外資產繼承問題**

　　老王年輕時白手起家開了一家工廠，平日兼跑業務四處奔忙，照顧家庭的重擔就落在妻子身上。老王打拼事業有成，名下財產與土地不算少，但妻子卻突然不幸因病過世。75 歲的老王喪偶 3 年後，最近突然向孩子們宣布，透過友人介紹認識一位 50 歲、名叫阿芳的女子，兩人打算盡快結婚，希望得到孩子們的祝福。

　　3 個孩子聽聞後震驚不已，擔心女方圖謀家產，大姊帶頭跟 2 個弟弟和父親有些爭論。老王苦惱的是，即使阿芳表明跟他結婚不是為了錢，也願意放棄分產，但似乎無法獲得孩子們的認可。年紀大了想再找個伴，反而引發家庭糾紛，讓他不知如何是好。

從3位孩子的角度來看，父親老來有伴本應不是壞事，但對於突然出現在家庭中的女性，甚至比他們年長沒有幾歲的人可能變成後母，短時間內確實不容易接受，甚至猜測阿芳是否為了公司或家產而蓄意接近父親。對於非親非故冒出來的人突然有資格分財產，代母職的大姊更是無法不懷疑這一切。

真如阿芳所說，將來拋棄一切繼承，問題就能解決了嗎？還是老王預立遺囑，把財產都給3名子女繼承就可以，或實際上並非這麼簡單？

依《民法》第1144條第1款規定，配偶與直系血親卑親屬同為繼承時，乃平均繼承被繼承人之遺產。因此，假如老王和阿芳順利結婚，是第二任太太也為其配偶，未來老王過世之後，阿芳將可以與元配所生的3名子女平均繼承老王的遺產，也就是各繼承4分之1遺產，這是《民法》賦予的規定及權利。突然出現的阿芳，即使不為錢而來，卻能分得不少財產，而這也可能是3名子女在意父親再婚的理由之一。

倘若老王知道孩子們的顧慮後，為了證明女友阿芳並不是為了財產才與自己結婚，因此預立遺囑，表明在自己往生

後，所有遺產均由元配所生的 3 名子女繼承，配偶不得繼承任何財產，這樣是否就可以讓孩子們安心呢？

配偶有特留分保障 再婚前先分產最有效

我國《民法》對於繼承人有所謂「特留分」的保障規定，也就是說，即使被繼承人以遺囑方式自行分配遺產，但其法定之繼承人仍然至少可依法繼承一定比例之遺產。以配偶而言，依《民法》第 1223 條第 3 款規定，其特留分為應繼分的 2 分之 1，換言之，無論老王於遺囑中如何排除其配偶的繼承權利，一旦發生繼承問題，其配偶依法即可主張繼承其應繼分的 2 分之 1，也就是阿芳至少可繼承老王 8 分之 1 的遺產。

既然由老王自己預立遺囑，對於解決問題的幫助有限，那麼改由阿芳切結，願於結婚後拋棄對老王包含特留分在內的一切繼承權利呢？

這種做法，其實仍然可能無濟於事，因為由《民法》第 1174 條第 2 項、第 1175 條等規定可知，「繼承之拋棄，必須在繼承發生後方可為之」，若是在繼承發生前就預先聲明拋棄繼承權，則不生拋棄的效力。所以簡單來說，即使阿芳願

意承諾將來拋棄包含特留分在內的一切繼承權利，這種預先的拋棄亦可能屬於無效的行為。

因此，如果老王要完全消弭孩子們的顧慮，安安心心地迎接第二春，也讓阿芳在比較沒有壓力的情況下進入家庭，不要因為現有財產問題，或者日後可能碰到的遺產繼承引發糾紛，建議老王可以考慮提前分配財產，也就是經由專業人士協助，先合法地將財產分配給子女，再考慮迎娶阿芳作伴，以避免先再娶，日後卻出現上述各種疑慮徒增困擾。

▍再婚配偶不繼承遺產的 3 種方案

方案 1 被繼承人在遺囑中排除配偶的繼承權利

➡ 配偶依法仍可主張繼承其應繼分的 2 分之 1。

方案 2 再婚配偶預先聲明拋棄繼承權

➡ 《民法》規定「繼承之拋棄，必須在繼承發生後方可為之」，故預先聲明不具效力。

方案 3 被繼承人於再婚以前先進行財產分配 （有效）

➡ 再婚對象將無法取得被繼承人婚前已分配的財產。

6-6 贈與子女財產 後悔了可以討回嗎？

父母提前將財產贈與給子女後，子女卻未盡奉養責任的新聞屢見不鮮，遇此情況，父母可否撤銷贈與？欲於生前分配財產的父母應該怎麼做，才能防範子女不孝，為自己留下後路呢？

法律小故事 | 房產、存款贈與子女 卻換來無情對待

年近八旬的老王和老李是多年朋友，兩人都為了讓子女生活寬裕，各自將名下房產和大筆存款贈與給兒子和女兒，且選擇和大兒子一家同住，讓兒子扶養。不料，王先生將名下兩棟房子的其中一棟，贈與給兒子之後的幾個月，兒子竟要求父親搬出去，讓老王非常生氣。

老李則是將積蓄 3,000 萬元幾乎都贈與給兒子及女兒，只留下幾萬塊錢零用錢，但兒子和媳婦開始冷言冷語，甚至以安全為理由，限制老李外出的時間和行動，嫁到外地的女兒也幾乎不關心他，簡訊經常已讀不回。

老王與老李沒有想到自己的兒女竟如此不孝，想請律師協助爭取自己的權益。

三、四年級的長者目前多半處於退休階段，正享受樂齡生活，輪到他們 4、50 歲的子女努力打拼，許多長輩不忍孩子日夜辛勞，會選擇在生前將房屋、財產贈與給兒女。但是社會上常見父母贈與之後，兒女卻不負擔供養義務，甚至以惡劣的態度對待父母，害得老人家選擇對簿公堂，失了一家和氣。

《民法》訂有一項「防不孝條款」，可以讓父母有機會將贈與子女的財產撤回；也就是《民法》第 416 條所規定的，若子女對父母不敬，或是不履行扶養義務，父母可以主張撤銷贈與。」但是想要撤銷贈與，得注意以下 3 點：

1. 子女對待方式達刑法處罰要件，且須於 1 年內提出。

《民法》第 416 條第 1 項第 1 款規定，「受贈人對於贈與人、其配偶、直系血親、三親等內旁系血親或二親等內姻親，有故意侵害之行為，依《刑法》有處罰之明文者，贈與人得撤銷其贈與」，且須於知悉後 1 年內據此主張撤銷。也就是說，子女的不孝行為，必須是《刑法》明文處罰的行為，而且該行為的對象不限於贈與人本人，連贈與人的配偶和其他親屬遭受不當對待也適用。

不過須注意的是，贈與人若能妥善保留子女有侵害行為的證據（如錄音、錄影、截圖），並自行舉證，勝訴機率較高。

2. 子女須有奉養義務，且父母無謀生能力。依《民法》第 416 條第 1 項第 2 款規定，須符合受贈人對於贈與人有扶養義務而不履行的要件，才能撤銷贈與，但須留意《民法》第 1117 條第 1 項規定，受扶養權利者，是以「不能維持生活而無謀生能力者」為限，因此，如果直系血親尊親屬能以自身財產維持生活，將被認為無受扶養之權利，而無法以子女未盡扶養義務訴請撤銷贈與。

像是案例中的老李幾乎手頭空空，也沒辦法工作謀生，就能主張撤銷贈與；而老王因為自己還有一棟房子可居住，身邊財力也足以自行維持生活，就不見得能成功撤銷贈與。

3. 不動產尚未完成過戶，始得撤銷贈與。《民法》第 408 條規定：「贈與物之權利未移轉前，贈與人得撤銷其贈與。其一部分已移轉者，得就其未移轉之部分撤銷之。」因此，假若父母贈與的不動產尚未完成移轉登記，就能提起撤銷贈與，但要留意的是，如果已經公證贈與，或是為了履行道德上的義務而贈與（如生父給予婚外子女扶養費、公益捐款、

禮俗上的饋贈等），則不得主張撤銷。

2 種贈與財產做法 可防範子女不孝

　　若擔心子女受贈後對自己不孝，父母親該如何防範呢？建議父母可以在贈與之前與子女簽訂「附負擔贈與契約」，換句話說，就是在契約內與子女約定應完成的行為，例如要求子女按月給付生活費、無償讓父母居住在贈與的不動產直至終老，或是要求贈與不動產的租金收益由父母收取等。

　　另外，父母也可善用信託方式，要求子女將受贈的不動產信託給贈與人（即父母），讓父母擔任受託人，管理及出租房產，而租金可由子女及父母為共同受益人。由於不動產

┃ 贈與財產給子女 2 做法「防不孝」

❶ **簽訂附負擔贈與契約**：父母可在契約中與子女約定要如何「盡孝」，例如負擔父母的生活費、讓父母同住在即將贈與的房產等。

❷ **以「贈與＋信託」方式處分不動產**：贈與子女房產後，要求子女將不動產信託給自己，繼續管理該房產。

已註記為信託財產，子女不得隨意處分或出售該不動產，如此一來，除了可讓父母提早將房產贈與給子女，又能達到保障自己的目的。

6-7 3 招做好防範 失智財產不會被侵占

家中有失智的長輩，除了必須費心安排醫療照護，也要注意顧全長者的財產、資產，以防範有心者趁著失智長輩無決定能力時，覬覦其名下財產。

法律 小故事 失智母財產遭親戚覬覦憂難保

小玉與小鵬兩姊弟在單親家庭中成長，大學畢業後工作穩定，隨即紛紛成家立業，媽媽放下心中石頭，決定回到南部守著老家和土地，迎接樂齡生活。

不料媽媽被診斷出患有失智症，兩姊弟開始忙著打理照料媽媽的日常生活，此時又出現許多以關心為理由，覬覦媽媽名下財產的親戚朋友提供諸多建議，甚至要幫忙管理財產，讓兩姊弟困擾不已。

小玉與小鵬這對姊弟面臨母親因患有失智症，對於生活逐漸喪失行為能力，進而導致名下財產處分產生法律上風險。如這類已經不斷浮現在我們日常周遭可能聽聞的案例，讓負責照顧家中長輩的民眾難免有所擔憂。

我國法律對於失智者的權利保護，已有相關配套規範，民眾遇到這樣的情況，其實不用太過於驚慌，只要在法律上能及時完備相關程序，就能預防家中長者名下財產被侵占；若侵占的事實已經發生，家屬也可依法向加害人追討不法所得。

針對如何預防失智家人財產被侵占，建議可以先為失智長輩辦理 3 項防護措施，包括：①向法院聲請輔助或監護宣告；②向金融機構申請金融註記；③將失智者財產交付自益信託。

關於第 1 項，依《民法》第 14 條規定，如果某個人因為精神障礙或心智缺陷，導致不能明確向他人表達自己的意思，或不能理解或辨識其他人表達的意思時（失智患者即屬之），此人或其配偶、四親等內的親屬（例如兄弟姊妹），又或者最近 1 年的同居親屬、檢察官、政府機關或社會福利機構等人得向法院聲請監護或輔助宣告。

若財產遭侵占 仍可透過報警或提告討回

第 2 項防範措施是向金融機構申請金融註記。有若干家中失智長輩遭不法人士利誘前往金融機構開戶、申辦信用卡或信用貸款，為避免此情況發生，建議家屬可向聯合徵信中心提出「當事人辦理註記申請書」，並向金融機構申請「不再申辦信用卡及貸款」等業務，也就是讓金融機構負擔起審核義務，以防範問題發生。

另外，依據《老人福利法》第 14 條立法意旨，為了保護長輩，可以為失智長輩辦理自益信託，將失智長輩的財產交給信託業者代為管理。另依據《民法》第 1098 條規定，監護人於監護權限內屬於代理人性質，當監護人之行為與受監護人的利益相反或依法不得代理時，得經法院任命的監護人協助失智長輩與信託機構，簽訂自益信託契約書。

如果不幸發現失智長輩的名下財產早已經被侵占，家屬應如何追回？若有人誘騙失智長輩的財產，依《刑法》第 339 條、第 341 條可能會成立詐欺罪或乘機詐欺罪，最重可處 5 年有期徒刑。

家屬遇到情況可以報警或向檢察官提出告訴，且依《民

法》規定，失智長輩如已成為受監護宣告之人，屬無行為能力者，其任何意思表示皆無效；如果該名失智長輩尚未受監護宣告，也可以提出證明，其財產移轉行為是在無意識或精神錯亂時進行，依《民法》第 75 條後段規定，這樣的意思表示亦屬無效，如此即可向他人請求返還財產，或者塗銷相關不動產登記。

替長輩處理財產事宜可能是每個家庭都會遇到的課題，特別是遇到長者出現失智症狀之後，唯有經過衡酌以後採取必要的法定程序，才能讓長輩及家庭成員安心。

┃ 守護失智長輩財產必懂的 4 個名詞

❶ **監護宣告**：在當事人完全無法進行判斷、表達時，可向法院聲請監護宣告。

❷ **輔助宣告**：若當事人判斷、表達能力降低，但不至於完全喪失，則可向法院聲請監護宣告。

❸ **金融註記**：向金融機構申請「當事人不再申辦信用卡及貸款」等業務的註記聲明。

❹ **自益信託**：委託人與受益人為同一人的財產信託。

6-8 自書遺囑未「親筆」寫 恐不具法律效力

親自撰寫遺囑雖是普遍常見的訂立遺囑方式，然而在數位時代的今日，許多人可能認為以電腦或手機軟體等簡便方式寫下遺囑亦能作數，忽略了缺少法律效力將導致遺囑無效。

法律小故事｜人夫電腦寫遺囑 小三竟「人財兩失」

　　老王是某知名科技公司的高階主管，名下資產頗豐，家中子女成年後也都各有不錯發展，令人稱羨。但老王婚外結識小莉並相戀，且小莉不斷要求老王將部分財產留給她，於是老王預立遺囑，以電腦繕打遺產分配內容，載明哪些遺產要留給小莉，並在繕打完成後列印成紙本，寫上日期並簽名，其中一份交給小莉保管。

　　老王日前因病過世，小莉提出這份遺囑，主張她也是繼承人之一，並向老王其他法定繼承人提出分配遺囑的訴訟，但法院判決駁回小莉分配遺產的請求。小莉無法理解，為何自己明明握有老王親自簽名的遺囑，卻會拿不到遺產⋯⋯

親自撰寫遺囑預留財產分配方式，可能是一般人普遍會想到及採用的方式，但因為遺囑訂立係「要式行為」，須符合法律規定的要件才生效。依《民法》第 1189 條規定，訂立遺囑有自書遺囑、公證遺囑、密封遺囑、代筆遺囑及口授遺囑等 5 種方式。案例中的老王採取親自撰寫遺囑的內容，即屬《民法》第 1190 條所規定的「自書遺囑」，這是最方便、最節省成本，也最多人採用的訂立遺囑方式。

遺囑訂立屬「要式行為」 符合規定才生效

依《民法》第 1190 條規定，自書遺囑應符合下列 3 要件：① 須「自書」遺囑全文；② 應記明遺囑訂立的年、月、日；③ 立遺囑人應親自簽名。《民法》第 1190 條至 1195 條則針對上述 5 種訂立遺囑方式應具備的要件逐一規定，且內政部「繼承編登記法令補充規定」第 62 條，亦強調遺囑是屬於「要式行為」，應按照《民法》所規定的訂立方式為之，不依法律規定所做成的遺囑均屬無效，不產生遺囑的法律效力。

所謂的「自書」，依目前實務見解，是指立遺囑人須親自「手寫」遺囑全文，若透過電腦打字等方式即不符合「自

「書」的要件，在這個多數人利用電腦進行文書處理、甚少動筆手寫的時代，這個要件最容易被忽略，未親自書寫遺囑全文也成為遺囑無效最常見的原因之一，這也是案例中法院判決老王用電腦打字再簽名的遺囑無效的主要理由。

《民法》第 1190 條亦規定立遺囑人須於遺囑上簽名，依目前實務見解，為了防止遺囑遭他人偽造、變造，且便於日後進行筆跡辨識，所謂的「簽名」僅限於由立遺囑人親自簽名，若以「蓋章」方式為之，會有遺囑無效的問題。遺囑上須載明完整的年、月、日，如僅記載年月而缺漏日期者，該遺囑的效力即存有爭議。若自書遺囑過程寫錯文字時，《民法》允許立遺囑人可直接在遺囑內容中修改，但須於增減、塗改處註明增減、塗改之處所及字數，並另行簽名，才會產生合法修改的效力，這也是要注意的細節。

至於現行網路世代以 FB、Line 等方式訂立並發布遺囑的做法，當然亦不符合《民法》第 1190 條所規定的要件。

遺產分配有限制 非由立遺囑人任意決定

針對老王特意在遺囑載明分配部分遺產給小莉的情況，

立遺囑人雖可針對其名下財產自行決定其分配方式，但我國《民法》為保障法定繼承人的權利，而有「特留分」的規定，即法律規定被繼承人應特別保留給每一位法定繼承人的最低繼承比例。因此，立遺囑人在遺產分配上並不能將全部遺產獨留給某特定人，仍須依法按特留分的規定保留一小部份財產予每一位法定繼承人，特留分以外的其餘財產則可按照自己心意決定分配方式。

由此可知，遺產自由分配的範圍仍有其法定上限，而非全部都能由立遺囑人自由決定，案例中的老王在遺囑中將部分財產指定給小莉，也就不見得都能有效，法院判決駁回凱

┃ 6 種自書遺囑常見錯誤

❶ 以電腦打字、列印後簽名

❷ 寫錯字時直接以修正液塗改

❸ 請他人代寫部分文字

❹ 未填上完整年、月、日

❺ 以蓋章或蓋指印取代簽名

❻ 以 FB、Line 等管道發布遺囑

莉分配遺產的請求，一部分也就是這個原因。

　　類似的情況也發生在新聞媒體所報導過的矚目案例，長榮集團創辦人張榮發在其遺囑中指定所有遺產由四子張國煒一人繼承，法院雖認定張榮發的遺囑有效，但因侵害特留分規定，故其遺產並不能獨留給張國煒。

6-9 跟父母要錢創業還能分遺產嗎？

部分父母可能會在子女結婚、創業的重要時刻，提供金錢資助來表示特別的關愛，然而當父母過世之後，其他子女是否有權主張父母生前的資助得納入遺產計算，以維護自身權益呢？

法律小故事 | 生前資助孩子創業 竟成爭產導火線

　　張先生與太太育有 5 個小孩，長子大華從小就特別受到疼愛，大華在結婚後離家自立門戶居住，而在婚後 2 年因為打算與朋友合夥創業開設公司，向張先生提出資助請求。張太太疼愛大兒子，因而向先生提議能否給予資金協助，張先生便從個人銀行帳戶轉匯 300 萬元給大華運用。

　　隔年張先生不幸因病過世，子女們在處理遺產事宜時，因為長女質疑這筆 300 萬元的錢，是否應該列入遺產計算而鬧得不甚愉快，張太太頗感無奈，不知該向誰求助以解決爭端。

案 例中的張先生與太太疼愛子女，贈與金錢或提供資金協助，在現實生活中也經常可見，但是大華因為創業的原因，接受父親的金錢，可能會被視為法律上的「特種贈與」，也牽涉到日後遺產計算及分配問題。

子女受父母資助的款項是否應被納入遺產，可從以下幾個面向來釐清。

符合「生前特種贈與」條件 列入遺產計算

依《民法》第 1173 條第 1 項規定：「繼承人中有在繼承開始前因結婚、分居或營業，已從被繼承人受有財產之贈與者，應將該贈與價額加入繼承開始時被繼承人所有之財產中，為應繼遺產。但被繼承人於贈與時有反對之意思表示者，不在此限。」

因此，依《民法》及民事判決的見解，父母因子女結婚、分居（指子女離家自立）或營業（指創業）需求時而贈與財產，會被視為「遺產的預付」，如果是其他事由所提供的生前贈與，就不適用《民法》第 1173 條第 1 項。簡單而言，結婚、分居、營業原因的受贈，在法律上被認定為「生前特種

贈與」，而應算入遺產範圍計算，稱之為「歸扣」。

由於立法之初認為一般人因結婚、分居或營業，父母親所做的財產贈與，通常並非讓受贈人（子女）特別受到利益，只是因為遇到這 3 種狀況，把日後的遺產預行撥給子女而已。

所以除非被繼承人（父母親）生前明示這筆錢不用還了，就是要送你的，否則都應視為先受領之遺產；若因其他事由，父母贈與財產給子女，則應確認有使受贈人特受利益之意。例如父母因子女獲得碩士學位，犒賞獎金 10 萬元，就沒有「歸扣」的問題發生。

接受特種贈與 不得再要求張分配遺產

案例中的張先生在生前有特種贈與，遺產應如何分配？假使張先生不希望被歸扣，他應該要做出什麼表示？

依現行法規，若被繼承人生前贈與子女價額相等的資產，則該繼承人不再受分配。假設張先生過世後留有 1,200 萬元的存款，繼承人有 5 人，生前因為長子大華創業而贈與 300 萬元，應將 300 萬元計入被繼承人的遺產，總計 1,500 萬元。5 名子女每個人應繼分是 300 萬元（1,500 萬÷5）。大華因

'Tips

▌「生前特種贈與」重點整理

❶ 父母在子女結婚、分居、營業時所贈與的資產,在法律上被認定為「生前特種贈與」,而應計入遺產範圍,且沒有時間限制。

❷ 若父母生前給予子女的特種贈與價額,大於或等於子女應繼承的遺產,則子女無權再要求分配遺產。

❸ 倘若父母贈與子女資產時,明確表示該筆錢為單純贈與不用歸還,即可不必列入遺產。

為在父親生前已獲得特種贈與 300 萬元,所以不能再主張分配遺產。

倘若生前贈與的資產超過遺產價額,是否就該返還?根據「最高法院 96 年度台上字第 392 號民事判決」結果指出,法院的實務見解認為,不能要求該繼承人必須返還超過應繼分部分的價額,因此,如果歸扣義務人所受特種贈與的價額,已經超過其應繼分額時,不得再受遺產分配,也不用返還超過部分的價額。

《民法》第 1173 條第 1 項也規定,如果父母生前明白表示這筆錢是單純贈與,不是預支性質,亦即不是法律規定的 3 類特種贈與,為了尊重被繼承人自由處分財產的權利,就

不適用上述法條，也就不需要歸扣。

　　法律上雖有明白規定，但從實際發生的諸多案例來看，父母在贈與子女資產時往往沒有詳細的區分，造成手足間失去和諧，甚至因為遺產分配而對簿公堂，所以父母規劃資金分配時仍應謹慎，避免留下日後子女難解的爭議。

NOTE

第 7 章

財產繼承——稅務篇
善用各種贈與方式節稅

7-1 送屋給孩子 該贈與還是買賣？

房價高漲，父母若有餘力多會考慮將房產過戶給孩子。究竟該選擇贈與，還是二親等買賣，經常會難以判斷，若能掌握稅率差別，針對房子區位及未來用途考量，就能找到解答。

法律小故事 ┃ 兒將成家 父欲贈老宅陷入長考

C 先生的兒子小 J 在國外讀碩士即將畢業，計劃和留學時期認識的女友在 1 年後回台灣結婚，C 先生疼愛這對準新人，想把名下位於台北鬧區的 30 年老公寓，在房客租約期滿後收回整理，給兒子當新房。C 先生原打算用贈與方式，但市區老宅雖舊，價值卻超過 2,500 萬元，贈與稅及土增稅負擔不小，頗為煩惱。

小 J 有個同學從事房仲業，建議小 J 或許可以跟父親商量改以二親等買賣方式取得房屋，不僅省稅，將來要換屋時還能有較好的獲利，但小 J 認為以自己經濟能力負擔房屋貸款，會對生活品質造成壓力。小 J 和老爸越洋視訊熱烈討論，但一直無法取得共識，新人新房該怎麼處理，反而成為小 J 結婚前另一個傷腦筋的難題。

從合法節稅的角度而言，將不動產贈與子女或者採取二親等買賣，各有其稅率優惠考量，也必須參酌不動產所在地點現值與增值性，才能比較出用什麼方式贈與，才不會讓父母贈送子女房產的美意，因為稅負沉重或貸款壓力而變質。

一般而言，採用二親等買賣的好處主要有 2 個，一是土地增值稅可適用自用住宅 10% 優惠稅率，其次是未來孩子若有出售房子的打算，可將買賣價金略微提高，以降低未來出售時的房地成本。

贈與房子稅率高 分年贈與可省很多稅

許多父母想過戶給孩子的房子，也是上一輩留下來的，房子雖舊，但土地可能位於精華地段，由於持有時間長，土地增值的幅度驚人，土增稅往往動輒數十萬元。以本案例而論，C 先生在台北鬧區的房子如果用贈與方式，稅率可能高得嚇人，若選用二親等買賣，在適用自用住宅優惠稅率的假設下，土增稅最少可以節省一半以上。

若是採用贈與方式，父母過戶給孩子時的房地價值是以

「公告現值」計算，公告現值普遍低於市價許多，將來孩子以市價出售房子時，獲利的金額高，被課徵財產交易所得稅或房地合一稅的金額也會較高。

採用贈與方式並非沒有好處，除了父母不須繳納房地合一稅外，若是要贈與過戶的房子還有房貸未付清，且是由孩子（受贈人）負擔貸款，可自贈與額（土地公告現值＋房屋評定現值）中扣除。

建議若父母與孩子手頭資金較不足，也可以採用不動產分年贈與方式。因配偶間贈與可不計入贈與總額，不須繳納任何贈與稅，房地持有人可先過戶房地一半持分至配偶身上（這時不須課徵土增稅），父母兩人每年再分別過戶房地價值 244 萬元的持分給孩子（即 1 年過戶價值 488 萬元的不動產），也是合法節省贈與稅的好方法，但要記得每年贈與日起算 30 日內要到國稅局申報贈與稅，拿免稅證明。

二親等買賣視同贈與 提出支付證明可免贈與稅

本案例中的 C 先生如果最後採用二親等買賣，父子兩人必須注意小 J 付款的資金來源，因為二親等買賣按《遺產及

贈與稅法》第 5 條第 6 款規定，視同贈與，但能提出支付價款的證明，則不用繳納贈與稅，但仍須申報贈與稅。申報時稅務員會要求提供買賣雙方的存簿，並查證孩子的資金來源，以證實孩子確實有支付價金給父母，屬於買賣行為。

　　若孩子是跟銀行或親友借款，則必須舉證孩子有定期還款的能力（國稅局會查調子女每年申報個人綜所稅時的收入狀況，並評估是否能定期償還借款，若是查無資料，還會再請申報人提供其他收入來源證明）。另外，借款若是向出賣人（本案指父親 C 先生）、或由出賣人提供擔保向他人（包含銀行）借的，二親等買賣也不成立。貸款人及實際支付貸款者必須是小孩，若貸款人的名義是小孩，實際上仍是由父母的帳戶扣款，則依舊屬於贈與。

　　簡言之，國稅局查核的重點是，買方是否有足夠的財力購買房產，小孩如果是未成年，更是列為加強查核的案子，因為未成年的孩子通常不會有足夠的收入購買房產。如果小孩是以貸款或向親友借錢的方式取得資金，稅務機關一樣會先查核小孩是否有收入可以還款，且事後是否有固定的還款紀錄。

贈與現金還是房產 稅金差很大

父母幫孩子置產有很多種方法，可以匯款給孩子，或是直接跟賣家買，也可以每年贈與 244 萬元給孩子慢慢存（每年贈與稅免稅額），這 3 種做法的稅負各不相同，日後賣屋時的成本計算也有差異。

依《遺產及贈與稅法》第 5 條第 3 款規定，以自己的資金，無償為他人購置財產者，其購置財產的資金，以贈與論，應課徵贈與稅；如該購置的財產為不動產者，土地以公告土地現值或評定標準價格、房屋以評定標準價格為贈與金額。簡單來說，父母買房給兒子，就必須依照公告現值或評定標準來繳納稅金。

建議父母們要提早規劃，例如依上述所提，在孩子未成年時父母就分別每年各贈與 244 萬元，這樣孩子 1 年就有 488 萬元。待孩子成年時，就算還未存到房價的金額，仍可大大減少贈與稅金。除了減少贈與稅金，另外還有一個好處是，孩子買房屋的成本會與市價相同。

至於選用二親等買賣方式想要運用自用住宅優惠稅率，必須看持有年數、是否已辦理戶籍登記、有無提供營業或出

租等相關條件限制。案例中 C 先生曾把市區這間房屋出租多年，可能不全然適用，或者也可等即將結束的租約到期後，空出 1 年時間，等兒子小 J 回台後再做安排，父子兩人還可以多溝通討論，找出最適當的方式。

房產採分年贈與可節省贈與稅

Step 1 房地持有人先過戶房地一半持分至配偶身上（配偶間贈與不課徵贈與稅）。

Step 2 父母兩人每年再分別過戶房地價值 244 萬元的持分給孩子，合計每年 488 萬元。

Step 3 每年贈與日起算 30 日內到國稅局申報贈與稅，拿免稅證明。

符合自住房地的條件及優惠

❶ 房地所有權人或其配偶、未成年子女設有戶籍；持有並實際居住連續滿 6 年且無供營業使用或出租。

❷ 課稅所得，即「房地收入－成本－費用－依土地稅法計算之土地漲價總數額」計算在 400 萬元以下免稅；超過 400 萬元部分，按 10% 稅率課徵。

❸ 6 年內以 1 次為限。

（有關房地自住優惠稅率的資訊，可多加參考本書第 5 章）

早點知道就好了：頂尖律師教你 51 個超實用金錢法律常識

處理方式	二親等買賣		贈與	
稅目	課稅與否	稅率	課稅與否	稅率
土地增值稅	○	10% ～ 40% 若符合自用住宅條件，適用 10% 優惠稅率。	○	20% ～ 40% 非買賣行為，不適用自用住宅優惠稅率。
		持有土地超過 20 年以上者，另有減徵稅率。		
契稅	○	6%	○	6%
印花稅	○	賣價 ×1‰	○	房地公告現值 ×1‰
贈與稅	×	二親等買賣視同贈與，但能提出已支付價款之確實證明，則不用繳納贈與稅，惟仍須申報贈與稅。	○	2,500 萬元以下：10% 超過 2,500 萬～ 5,000 萬元部分：15% 超過 5,000 萬元部分：20%
房地合一稅	○	過戶時間在 2016 年 1 月 1 日以後，適用房地合一稅。	×	屬贈與行為，無房地合一稅。

不動產處理方式稅負比較

說明：土地公告現值可至內政部地政司網站查詢（www.land.moi.gov.tw），並連結至各地方政府網站試算土增稅。亦可前往各地方政府稅捐處試算土增稅及契稅，一併查詢是否適用自用住宅優惠稅率。

7-2 幫家人還房貸 恐須繳納贈與稅

台灣房價高漲，多數年輕人無力負擔，能夠買房的年輕人，多半仰賴家中長輩幫忙支付頭期款甚至部分貸款，但如果繳納房貸的方式不慎，長輩們可能會因此被課徵贈與稅。

法律小故事 | 子債父還 竟要多繳一筆稅？

小明出社會和朋友合夥經營事業 3 年後，決定和女友成婚共組家庭，也想買房屋定居在台北，夫妻兩人選了一間總價 2,500 萬元的新成屋，將大部分積蓄用來繳付 500 萬元頭期款之後遷入新房。

不料近兩年小明的事業受到疫情影響，虧損不少，且身上還揹有 1,600 萬元的房貸，眼看存款就要燒光，小明緊急向爸爸求援。小明的爸爸愛子心切，打算拿出 1,000 萬元積蓄直接替小明償還房貸，不過在請教會計師之後，卻發現自己竟須負擔 75.6 萬元的高額贈與稅……

房價日益高漲，增添年輕人買房壓力，許多父母希望減輕兒女成家的負擔，也可能想將原本要贈與的財產，轉為幫忙償還房貸，但還款方式的不同，會決定是否需要課徵稅負。

依《遺產及贈與稅法》第 5 條第 1 款規定，「在請求權時效內無償免除或承擔債務者，其免除或承擔的債務，視為贈與，而且不問當事人間對於贈與意思的表示是否一致，均須以贈與論」。這就是案例中的小明父親須繳納贈與稅的原因。針對小明的情況，以下分析 3 種不同做法造成的稅負差異。

3 種還款做法 決定是否該繳贈與稅

作法 1 爸爸一次清償

小明剩下房貸 1,600 萬元，小明的爸爸直接幫小明償還其中的 1,000 萬元房貸給銀行。

結論：要繳贈與稅

小明的爸爸幫小明償還銀行債務，即為承擔小明的債務，依《遺產及贈與稅法》第 5 條第 1 款規定，視為贈與，如果

小明爸爸當年度無其他贈與行為，經扣除免稅額 244 萬元，贈與淨額為 756 萬元，因此必須繳交贈與稅 75.6 萬元（稅率為 10%）。

作法 2 **借錢給兒子還款**

小明剩下房貸 1,600 萬元，小明的爸爸覺得銀行利息太高，決定無息借小明 1,600 萬元把銀行貸款還清，之後小明每個月還爸爸 6 萬元。

結論：提出借貸證明可免繳贈與稅

此情形爸爸雖承擔了小明的銀行債務，小明卻還是得償還給爸爸，因此屬於借貸行為，無須繳贈與稅，但須明確交代借款原因及用途、借貸資金的償還期限、利息支付及資金歸還情形，並保存相關證明，以供國稅局查核，若無法提出相關證明，仍有可能被國稅局課徵贈與稅。

作法 3 **爸爸按月償還**

小明剩下房貸 1,600 萬元，每個月要繳的房貸本息為 8 萬元，小明的爸爸決定往後每個月幫小明繳房貸。

結論：不用繳贈與稅

和做法①相同，小明的爸爸也等於直接幫兒子承擔債務，以每月償還 8 萬元計算，1 年下來共繳了 96 萬元。因一整年承擔的債務未超過免稅額 244 萬元，所以小明爸爸不用繳贈與稅。

　　如果小明的媽媽也可以幫忙小明償還債務的話，還能利用媽媽的贈與稅免稅額度，增加更多的節稅空間。

　　國稅局考量民眾對於一般贈與在稅法上的定義並不清楚，於查獲須補繳贈與稅的案件時，會先通知當事人於收到通知後 10 日內補申報贈與稅，如逾期仍未申報，才會依相關規定處罰。

贈與稅課稅對照表	
課稅級距及金額	稅率
2,500 萬元以下	10%
超過 2,500 萬元～ 5,000 萬元	15%
超過 5,000 萬元	20%

7-3 贈與子女千萬財富免稅有妙招

許多父母親希望在子女結婚前幫子女置產，減輕子女負擔，但又擔心要繳納高額贈與稅。其實只要善用贈與稅免稅額度，贈與子女千萬元現金也可免繳贈與稅。

 法律小故事｜贈與子女高額現金竟免繳贈與稅？

　　陳家大哥今年 32 歲，預計明年初要與愛情長跑 6 年的女友步入結婚禮堂，陳爸爸與陳媽媽看到兒子即將成家，歡喜之餘打算資助兒子購買新房。陳爸爸聽老朋友說，有方法可以高額贈與現金，卻不用課徵贈與稅，金額甚至可以超過 1,000 萬元。

　　由於陳爸爸對這聽來的消息充滿懷疑，決定認真請教專家，好決定贈與現金給兒子的金額和時機。

許多父母或長輩在面對贈與子女現金這件事情上，即使聽聞其他人的做法或參考經驗，卻依然不確定該如何處理。由於事關高額贈與和稅負問題，通常還是會請教專家，或者向國稅局查詢相關資訊較為安全，也能確保自身及家人的權益，節省不必要的稅金支出。

善用年度及分年贈與 財富傳承稅負省很大

想要短時間內大額贈與現金給子女，的確有些好方法可以合乎規定且省下稅金，但必須先理解贈與的幾個基本要件以及定義，包括以下 5 項重點：

1. **贈與稅納稅義務人為「贈與人」**。所謂「贈與稅免稅額」是指「贈與人」免稅的額度，前面內容有提到，父母每年贈與子女的免稅額額度為 244 萬元。因此案例中的陳爸爸與陳媽媽分別可贈與兒子 244 萬元，不須課稅。

2. **配偶間相互贈與免稅**。假設案例中的陳媽媽只是一般家庭主婦，且存款低於 200 萬元，這時可以先由陳爸爸贈與陳媽媽現金，再由陳媽媽贈予給陳家大哥。由於夫妻間贈與免稅沒有額度限制，因此不會影響陳爸爸的免稅額度，所以

當年度陳爸爸同樣可以贈與兒子 244 萬元。

3. 採取分年贈與方式可有效節稅。贈與稅的免稅額度是採歷年制，也就是計算期間為每年的 1 月 1 日到 12 月 31 日，陳爸爸跟陳媽媽如果在 12 月時分別贈與兒子 244 萬元，隔年 1 月又可以分別贈與 244 萬元，總計共 976 萬元（244 萬元 ×4）皆不須課徵贈與稅。

4. 父母贈與子女婚嫁時財物，100 萬元以內免稅。婚嫁之贈與和配偶間贈與相同，可不計入贈與免稅額度，所以也不影響 244 萬元免稅額。此 100 萬元額度一樣是以贈與人計算，陳爸爸與陳媽媽分別可以贈與 100 萬元給兒子，總計共 200 萬元亦不須課徵贈與稅。

另外，在婚嫁贈與時點認定上，只要是子女登記結婚前後 6 個月內贈與的財物，父母均可主張適用子女婚嫁財物免稅額，只要未超過 100 萬元均可不計入贈與總額。於辦理贈與稅申報時，除應提供贈與契約書、贈與人及受贈人雙方身分證明文件，仍須檢附子女結婚登記的戶籍資料，以主張合法節稅。

5. 若無足夠現金，亦可直接贈與不動產。以上述例子來

看，陳爸爸跟陳媽媽贈與陳大哥現金時若想完全免稅，金額最高可達 1,176 萬元（976 萬＋ 200 萬），但若是陳爸和陳媽手頭上沒有這麼多的現金，而有許多不動產，是否可以直接贈與房子呢？

可以用前文提到的「分年贈與」方式，也就是陳爸爸先把房子的一部分過戶給陳媽媽，兩人再於跨年度時分別贈與陳大哥房屋，若同樣加計婚嫁贈與免稅額度，房屋價值不超過 1,176 萬元的部分即可免課徵贈與稅。

再次提醒，雖然贈與不動產可能不用繳交贈與稅，但還是要繳納土增稅，且房子取得成本會變成以公告現值計算（遠低於市價），將來若子女於短期內將房子出售，會導致成本太低、獲利太高，需要繳交高額的房地合一稅，更不划算。

┃ 這樣做 短期贈與子女 1,176 萬元完全免稅！

❶ 當年度的 12 月，父母分別贈與新婚子女 244 萬元，共計 488 萬元。

❷ 下一個月，即隔年 1 月，父母又可再合計贈與該名子女 488 萬元。

❸ 趁該名子女新婚 6 個月內（婚前 6 個月也算），父母額外以贈與婚嫁財物為名義，分別贈與子女 100 萬元，合計 200 萬元。

❹ 488 萬元＋ 488 萬元＋ 200 萬元＝ 1,176 萬元

7-4 繼承房產「拖」太久 土增稅可能大幅提高

長期持有房屋或土地，出售時可能賺到一筆錢，卻也必須繳稅，而且土地增值稅還不算少。夫妻之間有可能因相互贈與或繼承遺產，必須面對日後繳稅問題，該如何事前規劃以省稅？

法律小故事｜出售繼承土地竟要繳納高額土增稅

張先生在 1978 年時買了位於桃園市區精華地段的 38 坪建地。2018 年時，張先生不幸過世，張太太為了節省遺產稅，而以「配偶財產差額分配請求權」的方式取得丈夫包括土地在內的所有資產。

3 年後，張太太打算以單坪 90 萬～100 萬元的行情將該筆土地售出，經過計算後發現，竟要繳納高達 430 萬元的土地增值稅，讓張太太不知道該繼續持有，還是用其他方法省稅，急得透過朋友求助專家。

民眾在出售長期持有的不動產時，會發現除了賣房子賺到的錢須繳稅，更貴的其實是繳納土地增值稅。近年來土地價值不斷飆升，如果是位在市區精華地段的老舊公寓，因為土地持分比例較高，若是持有期間又長，賣房子時可能就須繳納數百萬元的土地增值稅。

想要節省土地增值稅，除了善用自用住宅優惠稅率之外，更重要的關鍵在於持有期間的計算。

土地取得的方式有很多種，可能是遺產、贈與或是買賣取得，而買賣取得就是以購買時過戶的登記日為持有期間的起算日，但遺產及贈與的取得，可能會因為在繳納遺產稅或贈與稅時，選用較省稅的方式，導致土地持有期間的起算日，不是在遺產或贈與過戶時的登記日。

持有期間起算日 影響土增稅金額多寡

案例中的張太太如果要出售土地，可能得面臨高額土地增值稅，假設張太太當初取得土地的 2 種狀況，將導致不同結果：

情況1：以「配偶財產差額分配請求權」取得土地。如

果張先生往生時，遺產金額很高，張太太為了節省遺產稅，主張配偶財產差額分配請求權，得以省下 100 多萬元的遺產稅。但是因為主張配偶財產差額分配請求權的關係，該筆土地的持有期間起算日就必須回溯到張先生 1978 年買地的時候。換算起來，土地增值稅從 1978 年取得時的公告現值每平方公尺 8,000 元，漲到如今的 11 萬元，加上倍數累進，張太太因此將被課 430 萬元的土地增值稅。

情況 2：以「遺產繼承」方式取得土地。假如張先生的遺產有包含其他存款、股票、投資等，張太太可請求分配上述財產。只要不動產的過戶沒有使用到差額分配請求權，持有期間的起算日就可採用遺產繼承過戶日的時點起算，張太太就可以同時節省遺產稅及土地增值稅。

特別提醒，夫妻間贈與不須繳納贈與稅，且根據土地稅法的規定，配偶相互贈與的土地，「得」申請不課徵土地增值稅，也就是贈與土地的當下，可選擇是否要繳交土地增值稅。

許多民眾會以為，申請不課徵就是不用繳稅的意思，等到要出售不動產的時候，才發現並非不用繳納土地增值稅，而是延後繳納而已，且因持有時間拖得更長，反而要繳更多

稅。狀況就如同上述張先生及張太太的例子，持有期間起算日，必須回溯到贈與之前購買的時點，而不是從贈與時起算，這一點觀念相當重要。

民眾在處分不動產時，因涉及遺產稅、土增稅、房地合一稅等多種稅目，建議應尋求相關專業人士的意見，做完整的規劃，特別是像夫妻之間所持有的不動產，究竟應該怎麼安排比較有利，可以多加試算比較，才不會前面省小稅，後面繳大稅，甚至造成受贈者或繼承人的負擔。

▎土增稅試算管道

民眾只要上「內政部不動產資訊平台」網站的「房貸資訊」專區，點選「稅金試算」，找到「土地增值稅」的試算列表，就能自行試算。

7-5 生前贈與變遺產 有辦法解套嗎？

親人過世，除了辦理身後事外，還須申報遺產稅，在法規上有關遺產的認定，即使是生前 2 年內的贈與，也可能會被納入遺產計算，最好先向稅捐機關查詢，以免漏報被開罰。

法律小故事 ｜ 夫驟逝 生前贈與金錢變遺產

　　李先生與太太鶼鰈情深，2022 年結婚週年慶時，李先生為了感謝老伴多年來的照顧，把自己銀行帳戶中的存款 1,000 萬元電匯到太太的帳戶。這筆錢依據遺贈稅法第 20 條第 6 款規定，配偶相互贈與之財產不計入贈與總額，不必繳納贈與稅。

　　不料，先生在 2023 年初病逝，太太在清點先生遺產時並未將這 1,000 萬元計入，遭到國稅局人員發現，認定該筆金額是先生過世前 2 年內對太太的贈與，依《遺產及贈與稅法》第 15 條規定，應視為先生的遺產，必須併入遺產總額課稅。太太不服，決定申請復查。

長輩或配偶過世後，除了要為親人辦妥後事，還須注意遺產稅。遺產稅的課徵，屬納稅義務人與國家間公法上的關係，國家不介入被繼承人生前如何處分其財產，也不介入遺產如何分配，僅就被繼承人死亡時之遺產加以計算。

申報遺產稅需要注意的重點之一，是依《遺產及贈與稅法》第 15 條第 1 項規定，被繼承人死亡前 2 年內贈與其配偶、各順序繼承人或其配偶之財產，會被視為被繼承人死後的遺產，列入遺產總額徵稅，目的在於防止規避遺產稅。

針對案例中的李太太，建議繼承人於申報遺產稅時，最好先向稅捐機關查詢確認，如未經確認即逕漏報，被國稅局處罰時，即使向法院救濟也會被駁回。關鍵就在於最高行政法院 102 年度裁字第 1553 號裁定，《遺產及贈與稅法》第 15 條第 1 項第 1 款乃將被繼承人死亡前 2 年內贈與被繼承人配偶的財產，視為被繼承人遺產，目的只在於擴大遺產總額，用以計算遺產稅。

配偶過世前離婚或拋棄繼承 可規避遺產稅

例外的情況是，如果這對夫妻因若干理由，在 2019 年底

就離婚，太太已經不是《遺產及贈與稅法》第 15 條第 1 項第 1 款的被繼承人配偶，就不須因此繳納遺產稅。

另外常見的情況是，太太以先生債務龐大理由，採取拋棄繼承，但是否要繳納遺產稅仍須看當初獲得贈與的內容與事實。財政部賦稅署會注意被繼承人是否於生前 2 年內，有鉅額款項贈與給配偶的情況，防止配偶刻意藉著拋棄繼承，規避租稅，稽徵機關也會審酌個案調查。

如果沒有刻意規避的情況，且贈與沒有被依法撤銷前，這些贈與都還是配偶所有，一旦拋棄繼承，也就不是遺產稅的納稅義務人，國家不得對這筆財產做強制執行。

至於前述案例中，如果先生在過世後僅遺留不動產，沒有多餘現金，太太先前雖然拿到贈與的金額，但可能已經花掉而沒有足夠現金可供繳納稅費，如果太太想申請實物抵繳遺產稅，國稅局會怎麼處理？

104 年度高等行政法院法律座談會，出現肯定說及否定說兩種見解。否定說是指，認定繼承人有無現金繳納遺產稅時，不應把不屬於被繼承人所遺留的財產納入考量（比如生前贈與的現金）；但是目前多數仍採取肯定說，也就是依照

遺贈稅法第 30 條第 4 項的規定，以「遺產」繳納為原則，稽徵機關在審酌納稅義務人有無現金繳納困難時，會就被繼承人所遺留的現金予以審酌。

換句話說，必須審酌納稅義務人對這筆受贈現金的具體使用情形，以認定實際上有無現金繳納遺產稅之困難。簡單說，如果這筆 1,000 萬元還有剩餘，仍可能被列入遺產稅扣抵範圍。

▌ 沒錢繳納遺產稅 可否申請實物抵繳？

根據財政部台北國稅局資訊，遺產稅本應以現金繳納為原則，如以現金繳納確有困難，才能以實物抵繳。被繼承人遺留的現金，原則上包括存款、可收取的金錢債權或併入遺產課稅之死亡前 2 年內贈與遺產稅納稅義務人的現金等，倘若納稅義務人無法提出具體事證，證明其確無法以該等現金繳納時，僅得就現金不足繳納稅款部分申請實物抵繳。

7-6 股票暴漲 當心遺產稅也暴增

股票資產具有增值、收息的雙重效益，許多人規劃財富傳承時會將其納入，但律師提醒，過世前 2 年贈與的股票，仍會被納入遺產總額，且若股價暴漲，還要當心被課徵高額遺產稅。

法律小故事｜生前贈與股票 子女仍須補繳遺產稅？

陳爸爸縱橫股市多年，名下累積許多上市櫃公司的股票，考慮到自己年事已高，健康狀況大不如前，為了避免孩子們繼承這些股票時可能須繳納高額遺產稅，打算慢慢分批將股票贈與給孩子們。

陳爸爸 1 年多前經診斷罹患癌症，除了接受治療以延緩壽命，另方面也贈與當時市價約 800 萬元的股票給子女，並繳納 58 萬元的贈與稅。不料陳爸爸病情急速惡化、撒手人寰，孩子們在申報遺產稅時認為股票都已過戶，沒有填入申報項目，卻被國稅局糾正，須補繳遺產稅，讓他們深感錯愕。

隨著社會風氣改變，近年許多父母會趁著還在世時，有計劃地處理財產分配，比如善用每年贈與免稅額度，分批贈與財產給子女，以避免兒女日後須繳納高額遺產稅。案例中的陳爸爸也是想到這點，才會提早將股票分批贈與子女，但子女卻在父親驟然離世之後，仍須面對遺產申報與課稅認定的問題。

陳爸爸贈與給孩子的股票之所以存在遺產稅問題，是因為依照《遺產及贈與稅法》第 15 條規定，往生者死亡前 2 年內贈與給孩子的財產仍須視為遺產課稅，縱使已辦理過戶也是一樣。因此，陳爸爸不幸罹病過世，在贈與股票未滿 2 年的情況下，這些股票就被視為應列入遺產申報的財產。

過世前 2 年贈與股票 視為遺產

另外，股票因時間點不同，而產生不一樣的價值，也會影響到計入遺產稅時的價值。陳爸爸贈與給孩子的股票皆為上市櫃股票，贈與時的價值是以贈與日的收盤價計算。然而陳爸爸往生時，那些股票大漲，以過世日期當天的收盤價計算，假設股票市值變成 1,000 萬元，在計入遺產時的價值就

必須以 1,000 萬元為準。

綜合陳爸爸的所有遺產（包含股票 1,000 萬元），最終計算出須繳納的遺產稅為 260 萬元，為避免重複課稅，原先贈與稅所繳納的 58 萬元稅金，可自遺產稅中扣除，也就是陳爸爸的孩子們還須再繳納 202 萬元的稅金。

由此可以發現，陳爸爸的股票最終仍是以 1,000 萬元的價值課稅，往生前 2 年內的贈與，完全沒有達到任何節省遺產稅的效果，只是提早辦理過戶而已，縱使在陳爸爸往生前，孩子已經把股票賣掉也是一樣，因往生時該股票的所有權及是否併入遺產課稅分屬兩件事。

實務上亦常常發生繼承人須繳納高額遺產稅，但手頭上無那麼多現金可繳納，導致因未完稅而財產無法過戶的情形。陳爸爸的案例中，由於股票已經過戶，所以可將部分股票賣掉變現以繳納稅金。

若是股票尚未過戶，則可用股票實物抵繳。假設核定遺產稅時，決定以某上市股票 1 萬股（當時市價 100 萬元）抵繳稅金，之後實際繳納時，市價已變為 85 萬元，則等於變相少繳了 15 萬元的稅金。

許多長輩會在身體出狀況時，才開始規劃該如何避免繳納過多的遺產稅，實際上都是緩不濟急的，建議平日就要做好規劃，若擔心孩子拿到財產過度揮霍，或不擅管理，也可使用信託等方式保障自身權益。

▌ 股票傳承價值計算基準

❶ **生前贈與**：以贈與日的收盤價計算。
❷ **死後繼承**：以被繼承人過世當日收盤價計算。

7-7 養老險滿期金未領死後變遺產

當壽險的要保人、被保險人為同一人，且有指定受益人，在要保人過世時，保單價值不須計入遺產總額課稅；但如果是養老保險到期，滿期金就可能須列入遺產課稅。

法律小故事 | 領取亡母養老險滿期金 擔心被課遺產稅

　　王太太退休後聽從保險業務員李小姐的建議，於 2017 年 6 月 1 日購買了一張 6 年期的養老保險，該保單 6 年到期後王太太可以一次領回 2,000 萬元滿期金，6 年內若不幸死亡，也有身故保險金可請領。王太太買這張保單的用意是想靠自己過生活，不必仰賴兒子，所以滿期金的受益人是填自己、身故保險金的受益人則是填寫兒子的名字。

　　2023 年王太太因心血管疾病多次進出醫院，不幸在同年 8 月離世。兒子辦妥王太太後事，在家整理遺物時發現這份保險契約書，向保險公司確認以後，發現保險已經到期。王太太生前住院期間，沒有將滿期金領回，也沒提起這件事，兒子想要領回這筆錢，但又擔心會不會被併入媽媽的遺產課徵遺產稅？

王太太生前未領的這筆保險期滿金，本來可以善用成為她的養老基金，可惜沒有機會運用。現在她兒子所要面對的是這筆滿期金究竟算不算是媽媽的遺產，如果不算，代表兒子可以免課遺產稅，直接繼承這筆 2,000 萬元的財富。

《保險法》第 112 條載明：「保險金額約定於被保險人死亡時給付於其所指定之受益人者，其金額不得作為被保險人之遺產。」另外根據《遺產及贈與稅法》第 16 條第 9 款規定：「約定於被繼承人死亡時，給付其所指定受益人之人壽保險金額，不用計入遺產。」從以上 2 個法律條款來看，不計入遺產的保險，必須符合以下 2 個要件。

要件 1：必須是人壽保險。所謂人壽保險並不是指主約一定要是壽險，因為目前市面上有很多保險，例如醫療險、長照險、儲蓄險等等，以及本案例提到的養老保險，都有附加死亡給付的保險理賠。這些死亡給付的保險理賠金，符合《遺贈稅法》第 16 條第 9 款指稱的「人壽保險金額」。

要件 2：必須有指定受益人。大部分的保單都有指定受益人，符合此條件不困難。但有時候保單的受益人只填寫「法定繼承人」，算不算是「指定受益人」會產生疑慮。然而目

前還沒有解釋函令對此多做說明，實務上稅務員會從寬認定法定繼承人亦屬於指定受益人。縱使法令沒有明文規定，還是建議投保時，要填寫受益人的名字，以避免爭議。

綜合上述分析，由於案例中王太太 2,000 萬元的養老保險滿期金，原本是做為養老用，並非是死亡給付的保險金，因此最終必須計入遺產，她兒子也必須為此繳付遺產稅。

保險金 3,330 萬元免稅額 僅適用於綜所稅

經常有民眾會誤認為，保險金有 3,330 萬元的額度是免稅的，必須強調，這裡指的是個人綜合所得稅的部分，不是遺產稅，且依照所得稅法規定，也須符合特定條件才能免稅。提醒民眾購買保險時，須向業務員確認免稅的稅目及細節，並不是所有的保險都「免稅」。

｜ 易被國稅局盯上的 6 大 NG 投保行為   Tips

❶ 重病投保　　　　　❹ 躉繳（即保費一次繳清）

❷ 高齡投保　　　　　❺ 密集投保

❸ 短期投保　　　　　❻ 鉅額投保

另外，為避免有心人士以移轉資產的方式來逃避遺產稅，縱使符合上述兩個免課遺產稅要件，國稅局也可以依「實質課稅原則」來認定壽險保險金是否屬於遺產。專家提醒，包括重病投保、高齡投保、短期投保、躉繳、密集投保、鉅額投保等等，都會被認定是移轉資產，保險金很有可能會被計入遺產總額。

7-8 善用信託移轉資產 可省下大筆稅金

不少資產豐厚的人認為透過信託方式移轉財產可以免稅，其實不然。信託方式固然對委託人及受益人都有利，但並非免課稅，只是比起一般贈與方式，可讓受益者少繳許多高額稅金。

法律小故事 | 以信託方式移轉股權可免課稅？

　　王先生是某家上市公司的董事長，從白手起家打天下，已經到了準備安排接班經營的階段，為了讓兒子能參與事業，規劃將手中約 600 萬股的股票移轉給兒子。王先生聽聞若採取信託方式可免課稅，比起一般贈與可省下許多稅金，但因事關重大，王先生仍向專業人士請教較佳策略。

許多高資產人士會利用信託的方式來規劃、分配名下眾多資產，但有很多人誤以為使用保險或信託的方式，未來移轉財產時就不須課稅，其實這是一種錯誤的觀念。信託在實務上，的確可能有比較多的節稅空間，但仍須先釐清若干觀念。

信託裡有所謂的「委託人、受託人、受益人」3 種身分；委託人即是財產的原所有權人，受託人是受託管理財產的人，而受益人是實際享有信託利益的人。信託成立時，財產由委託人移轉給受託人時是不須課徵贈與稅的，因為受託人並不是財產真正的所有權人，也因此使許多人誤以為成立信託完全免稅。然而事實上，是否須課徵贈與稅，主要是看財產是否移轉給受益人。

另外，信託又可分為「自益信託」及「他益信託」，若信託的受益人是委託人自己，就叫自益信託；若受益人並非委託人本人，即為他益信託。

以信託方式移轉股利 可節省高額贈與稅

雖然信託並非一概免稅，但實務上仍有節稅的空間，最

常見的就是股票信託中的「本金自益、孳息他益」。以案例中的王先生為例，假設王先生將自家公司的 600 萬股股票以「本金自益、孳息他益」，且為期 1 年的信託方式，將股票所產生的股利贈與兒子。

若以民國 108 年時，該公司發放現金股利每股 2 元為計算基準，按照一般贈與方式，王先生拿到的 1,200 萬元股利，有 2 項稅務要處理：

1. **個人綜所稅**：王先生採用股利分離課稅 28% 的稅率，須繳納 336 萬元。

2. **贈與稅**：贈與給兒子時，以 1,200 萬元的價值課徵 10% 的贈與稅，須繳納稅金 98 萬元（1,200 萬元減去 220 萬免稅額再乘以 10% 稅率）。

如果王先生採用**信託方式移轉股利**，結果就會大不相同。

依照《遺贈稅法》第 10 條之 2，股利價值的計算方式是以贈與日當天股票的收盤價為準，並以郵政儲金匯業局 1 年期定期儲金固定利率折現推算。假設信託契約訂定日（贈與日）當天王先生公司股票的收盤價為 22 元，該年郵政定期儲金固定利率為 1.04%，則推估該股利價值約為 130 萬元（22

元 ×600 萬股 ×【 1 － PV(1.04%,1)】）。

由於 130 萬元低於贈與稅免稅額 244 萬元，因此王先生不須繳納贈與稅。而股利移轉給王先生兒子（受益人）後，則須併入兒子的個人綜所稅課稅。

若王先生的兒子沒有其他收入，以 130 萬元股利課徵個人綜所稅時，稅率只要 20%，甚至比分離課稅的 28% 稅率還低。差別會這麼大的原因，即在於財產價值計算的方式不同，以上市櫃公司來說，公司股票的報酬率通常會高於郵政儲金 1 年期利率，因此善用信託可以達到很好的節稅效果。

同時值得注意的是，若王先生訂定信託契約時沒有保留變更受益人及分配、處分信託利益的權利，所得稅即是以兒子為納稅義務人。但若王先生保留變更受益人的權利，則所得稅納稅義務人就仍然是王先生，節稅的效果可能就沒有那麼好。

自益信託與他益信託課稅規定		
信託種類	自益信託 （受益人即委託人自己）	他益信託 （受益人非委託人本人）
贈與稅	無	移轉財產給受益人時會產生贈與稅
遺產稅	委託人過世後，資產併入遺產計算。	委託人已將資產移轉給受益人，故須等到受益人死亡時才會產生遺產稅。

NOTE

番外篇

解析常見社會糾紛
防範權益受損

遇債務人脫產 律師教你這樣做

番外 **1**

現代人賺錢不容易，若遇朋友欠錢不還或業務往來公司惡意倒債，更是有苦難言。雖然法律有條文保障債權人，但債務人若蓄意脫產，債權人可能一毛錢都拿不到。這時該怎麼辦？

 法律小故事｜欠債人失聯跑路 債主求償無門

A、B 兩家公司的負責人為認識多年的朋友，B 公司會定期向 A 公司叫貨，基於信賴關係，A 公司同意 B 公司於收貨後開立票期 2 個月的支票支付貨款，兩家公司循此交易習慣配合多年，合作順利。

某日 A 公司財務人員拿 B 公司開立的到期支票去銀行辦理存入，卻因存款不足慘遭退票，A 公司負責人以電話及 Line 連絡 B 公司負責人都聯絡不上，隨即至 B 公司的店面查看，卻發現 B 公司早已人去樓空。

A 公司想對 B 公司提出民事訴訟請求清償貨款，但 A 公司負責人的某位友人卻提醒他，如果 B 公司已脫產，縱使勝訴也徒勞無功，讓 A 公司負責人苦惱不已。

公司經營往來首重信用，但可能遭遇業者經營不善或欠下大筆債務時設法脫產，造成債權人收不到錢的情況。

債務人為避免遭到債權人的追償，常會故意將其名下有價值的財產，藉由買賣或贈與等方式移轉至其他人名下，造成債務人名下沒有任何有價值財產的狀況。一旦出現這樣的脫產行為，即使債權人日後透過判決、本票裁定或調解等程序取得終局執行名義，也會因債務人名下無可供執行的財產，僅能取得一紙債權憑證。

聲請強制執行與假扣押 有機會防堵債務人脫產

一般人或公司行號面對債務人種種故意脫產的惡劣行為，通常又急又氣，起初可能基於情誼先給予時間或協商，但並非是最好的方法，因為可能造成權益損失的機會更高。依現行法律制度，債權人有數種保障自身權益的機制可以選擇，常見的做法是聲請法院對債務人的財產為「強制執行」，但也必須注意若干可能面臨的難題。

首先，要聲請法院對債務人的財產為強制執行，必須以終局執行名義（如已確定的判決、支付命令或本票裁定等）

為依據，然而判決或本票裁定欲確定，通常會先歷經一段訴訟或抗告等程序，短則數月、長則數年，這段期間往往成為債務人脫產的最佳時機。

一般常聽到的假扣押，是透過查封方式讓債務人暫時無法處分其財產，也是避免債務人在取得終局執行名義前脫產的最佳利器，但由於《民事訴訟法》第 523 條及第 526 條規定，債權人向法院聲請假扣押裁定，須先向法院「釋明」若不先對債務人的財產進行假扣押，日後恐有不能強制執行的高度風險。而所謂不能強制執行的風險，目前實務上並沒有客觀標準，都是基於法官的主觀認定。

其次，若債權人於取得終局執行名義後，才發現債務人名下並無可供執行的財產，債權人可調閱與債務人有關的不動產相關權狀或謄本，看看是否有故意脫產的情況，再決定後續要採行的法律途徑。換句話說，案例中的 A 公司必須先釐清不同的狀況，再採取應對方案。

債務人以買賣方式脫產 舉證難度比「贈與」高

如果債務人在債權人取得終局執行名義前就採取以「贈

與」方式處分財產，債權人可依《民法》第244條第1項規定，將債務人及受贈人同列為被告，聲請法院撤銷該筆贈與行為，並將財產回復原狀。

但若債務人是用「買賣」等有償方式，將其財產移轉予他人，債權人固可依《民法》第244條第2項規定，將買賣雙方同列為被告，請求法院撤銷該買賣行為，但在訴訟過程中，債權人必須舉證證明債務人於買賣時明知會損害債權人的債權，更須進一步證明買方也同時知悉債務人對外有積欠債務、將此財產處分後債務人即無其他財產可供清償，舉證難度較高。

於訴訟實務上，債權人可要求債務人提供買賣相關金流供其檢視，一旦債務人無法提出相關金流、或所提出的價款明顯不符市價，且買賣雙方對此又無法提出合理說明者，方能增加債權人的勝訴機率。

有些案例是欠債者在知道要面臨強制執行之後，趕緊去處分財產，問題可能更為嚴重。例如像案例中的 A 公司負責人可能要注意，如果是日後取得終局執行名義，發現 B 公司才開始處分財產，A 公司除可依《民法》第 244 條規定，撤

銷債務人的財產處分行為外，因債務人係於即將面臨強制執行時，才刻意去隱藏或處分自己的財產，亦會構成《刑法》第 356 條的毀損債權罪。

　　這時候，債權人 A 公司可藉由提起刑事告訴，對 B 公司施壓，增加還款的機率。但要特別提醒的是，因為本罪屬告訴乃論罪，債權人必須要在知道後 6 個月內提出告訴。

番外2 替人作保宜三思 小心惹債上身

民眾俗稱「人呆為保」指的是替別人作保，經常可能面臨債務人無法償還借款，債權人得以向連帶保證人請求清償債務，但也有民眾以為只要當一般保證人就沒事，真的是這樣嗎？

 法律小故事 | **為還恩情作保 被追債 3 千多萬元**

　　知名藝人張菲、費玉清的姊姊費貞綾（又名恆述法師）於 2020 年 9 月間，透過直播自爆曾因為償還弟子對她的恩情，而為該弟子作保，且該弟子亦開立本票給恆述法師作為擔保。然因這位弟子後來無法清償債務，開立的本票也跳票，致使她因保證人的身分而承擔 3 千多萬元的債務。

　　為此，恆述法師感嘆：「我這麼教化人，結果自己卻做了『人呆』，這保字不就是一個人、一個呆字嗎。」這也呼應了俗語常說的「人呆為保」，這個新聞事件又讓人注意到，可不可以幫人作保的老問題。

究竟在借貸事件中的保證人，該負什麼責任？所謂的保證人，就是向債權人「保證」債務人所借的款項將來一定會償還，若日後債務人無法依約履行債務，保證人就得代借款人負起清償債務的責任，這也是恆述法師為何要代償弟子借款的原因。

所謂「保證」是大家俗稱的用語，而依《民法》，保證可進一步細分 2 種態樣，一為「一般保證」，另一為「連帶保證」，2 種的差別在於有沒有「先訴抗辯權」。

在「一般保證」情況下，債權人須先對主債務人請求清償債務，且對主債務人財產強制執行後仍無效果，才可以要求一般保證人代為清償，若債權人跳過上開程序即直接請求一般保證人清償，一般保證人可主張「先訴抗辯權」拒絕清償；但如果是屬於「連帶保證」，保證人就無法主張「先訴抗辯權」。

換句話說，一旦主債務人不履行債務，債權人除可先向主債務人求償，也可同時向連帶保證人求償，甚至可以直接要求連帶保證人清償所有債務，因此，連帶保證人實質上的地位已和債務人沒有太大差別。

依《民法》規定，不論是「一般保證」或「連帶保證」，保證人代替債務人完成債務清償後，可在清償額度範圍內，承受債權人對該債務人的債權，進而請求債務人償還其代償的金額，簡單說，就是「保人先幫債務人墊錢，再向債務人要求還錢」。在實務上，債務人自身都已經難以依約對債權人履行債務，又如何能期待這位債務人有能力還錢給保證人呢？因此，《民法》雖然有這樣的規定，保證人履行其保證責任後，向債務人求償無門的機率還是相當高。

要免除保證責任 須經主債務人同意

不少人常問：「萬一不小心當了保證人，在法律上是否還有機會能除去其保證的責任？」通常的答案是：非常困難。

《民法》第750條規定，主債務人有下列情形時，保證人可向主債務人請求除去其保證責任。包括：① 主債務人之財產顯形減少者；② 保證契約成立後，主債務人之住所、營業所或居所有變更，致向其請求清償發生困難者；③ 主債務人履行債務遲延者；④ 債權人依確定判決得令保證人清償者。

也就是說，想要除去保證人的責任，唯有獲得主債務人同意一途。換言之，一旦成為保證人，日後會不會有保證責任發生、保證責任能否除去，只能受制於債務人，一切聽天由命。

　　至於當保人如何可以不惹債上身，的確很難有一個肯定的答案。因為依現行法律規定，當了保證人就必須承擔不可預期且難以免除的風險。俗語常說保人即是呆人，無非是奉勸大家少當保證人。

　　因此，若身邊親友因有借貸需求而央求你替他作保時，有辦法拒絕就盡量拒絕。如果是礙於一時情面難以婉拒，日後卻因債務人不履行債務而彼此反目成仇，就更得不償失。

　　專家建議，若民眾對這位請你擔當保證人的親友信用、財力及收入狀況都相當熟稔，或有無法拒絕的難處，盡量以其他方式來協助其度過難關（例如直接借錢給他）。如果非得擔任保證人，亦以一般保證為宜，因「先訴抗辯權」至少還能爭取到最後的緩衝時間，不致於馬上就跳入償債的泥沼之中。

番外3 用 Line 約定買賣 也具法律效力？

生活中經常有網友透過通訊軟體達成購物交易、租賃房屋等協議，儘管雙方沒有簽署任何文件，但都可能已經構成具法律效力的「諾成契約」。當這類協議發生爭議時，該如何處理？

法律小故事｜透過 Line 協議買車卻反悔 賣家不服

　　小明在網路上看到有賣家要出售一輛中古汽車，覺得很喜歡，與賣家聯繫之後，發現賣家阿華原來是南部同學的朋友，雙方間接取得 Line 的通訊方式，想要進一步接洽。小明與阿華在 Line 上面交談、看過多張照片後，小明認為可以接受，也有同學推薦，因此 Line 給阿華表示想買這輛車，阿華也同意出售，雙方也談到了價格。

　　不料，經過 2 天，阿華備妥合約要找小明簽約、辦理後續事項，小明卻後悔了，覺得車價有點貴，想要再考慮，引起雙方爭論，阿華也很不高興，已經將對話內容記錄截圖存證，考慮找律師問看看如何處理。

透過 Line 或微信等通訊軟體協議買賣，究竟算不算是有效契約？依一般人的認知，所謂「契約」，是指那一張「書面」契約，如果沒有簽署任何書面契約，應該不致於成立契約，也是案例中小明可能存有的錯誤觀念。然而，契約性質若屬「諾成契約」，可能就會顛覆一般人的認知。

舉先前熱門新聞的張淑晶與房客之間租屋案例，法院在租賃爭議案件中判決張淑晶勝訴，雖然房客於訴訟中抗辯，未曾與張淑晶簽訂任何契約、也未曾入住張淑晶所提供的出租套房，但法院認為，租賃契約為「諾成契約」，僅須雙方口頭合致，契約即成立。關鍵就在於，由張淑晶所出示其與房客間的 Line 對話記錄，證明雙方已針對租賃的重要內容達成合意，租賃契約已告成立，故判決房客須依契約內容給付租金予張淑晶。

若從《民法》來分析，《民法》規定的「契約」有許多類型，這些契約按其性質又可分為「要物契約」及「諾成契約」，區別為「是否要以交付標的物來作為成立契約的必要條件」，新聞事件中所涉及的租賃契約就是典型的「諾成契約」，只要雙方合意，契約即成立，不須以房東將租賃標的

物交付予房客使用作為成立租賃契約的要件。

書面契約在買賣過程仍然是相當重要，儘管《民法》第153條第1項規定，當事人可以「明示」或「默示」等方式互相表示意思一致而成立契約。所謂「明示」，是透過各種方式清楚明白地把意思對外表達，如簽訂書面契約、口頭表示或藉由 Line 對話等方式都算，只不過僅以口頭表示，沒有另外輔以相關文字記錄，可能會在訴訟上增添舉證的困難度。

交易要件合致 諾成契約才算成立

然而，一般人生活中常會遇到「默示」的意思表示。比如在停車場入口的取票處領取票卡入場停車，或在自動販賣機投擲硬幣並拿取飲料等行為，雖然行為人並未直接與停車場經營者或自動販賣機管理者接觸，表示要與其成立停車契約或買賣契約，但由行為人所做的行為，即可推知其有成立停車契約或買賣契約的「默示」意思表示，此種因「默示」而成立契約的情形，日常生活中極為常見。

提醒重要關鍵，依《民法》第153條第2項規定，「諾成契約」雖無須將契約條件以白紙黑字載明，但當事人仍須

對契約必要之點達成合意，契約始能成立。所謂契約必要之點，須視契約的性質來決定，如租賃契約，當事人須就「租賃標的物」、「租金」等要件合致、如買賣契約，當事人則須就「買賣標的物」、「價金」等要件合致，當事人合意的內容，若未涉及契約必要之點，該契約仍無法被認定因當事人合意而成立。

換句話說，案例中小明和阿華之間的爭執，就是在那輛要交易的中古車價格上，**是否已達成合意**。但因為雙方沒有訂立書面契約，阿華要爭取契約有效，必須看對話內容所談的價格，雙方是否都同意。

雖然《民法》契約的性質多屬「諾成契約」，但就一般商業交易而言，契約條件若沒有透過書面契約詳加載明，萬一當事人對履約條件意見分歧時，恐無依據可憑，易生履約爭議，建議在於商業交易上，最好還是先訂立書面契約以減少爭端。

番外4 網路資源隨手可得 引用他人作品算侵權？

看好網路的便利性，不少人會上網搜尋甚至擷取想要的圖片或文字，放到自己的臉書或部落格中，認為只要註明出處就能合理使用，殊不知此舉已經嚴重侵害《著作權法》。

法律小故事 ｜ 作品未授權 卻被他人擅自使用

　　Emily 是一位自由接案的設計師，有時會在自己的部落格張貼抒發心情或評論時事的短文，也會搭配一些自己隨手畫的趣味插畫，供大家欣賞。某天，朋友提到，在一個名為「小艾的隨想筆記」臉書粉絲專頁上，看到很像 Emily 部落格上的插畫，Emily 聽了覺得很奇怪，趕緊上臉書查看，果然看到該粉絲專頁上，有好幾篇文章使用了她過去在部落格上所放過的插畫。

　　Emily 感到非常生氣，立刻留言質疑對方為何未經同意擅自使用她的插畫？雖然對方解釋，在文章的末端都有註明插畫的來源出處、屬於合理使用，但 Emily 還是感到很狐疑，難道有註明來源，就可以不必得到她的同意、任意使用她的創作嗎？

網路生活時代，每個人都可能在社群網站、臉書或其他討論空間，發表意見或寫些東西，甚至看到別人好的內容也會想引用。但是在引用他人所撰內容時，應該特別小心謹慎所謂「著作」的定義；《著作權法》第 5 條第 1 項規定：「本法所稱著作，例示如下：① 語文著作；② 音樂著作；③ 戲劇、舞蹈著作；④ 美術著作；⑤ 攝影著作；⑥ 圖形著作；⑦ 視聽著作；⑧ 錄音著作；⑨ 建築著作；⑩ 電腦程式著作。」所包含的範圍很廣，也相當具體明確。

案例中 Emily 所繪插畫，屬於圖形著作範疇，受到《著作權法》的保護。進一步分析，著作權分為「**著作人格權**」以及「**著作財產權**」。所謂著作人格權，是指著作人有公開發表著作的權利，也可以在著作上表示是自己的著作，並且享有禁止他人以歪曲、割裂、竄改或其他方法改變其著作之內容、形式或名目致損害其名譽的權利。

至於著作財產權，則包含重製權、改作權、編輯權、出租權、散布權、公開播送權、公開傳輸權、公開口述權、公開上映權、公開演出權、公開展示權等權利。

因此，Emily 不僅可以在著作上表示是自己的著作，還

擁有重製以及公開傳輸權。

　　所謂「重製」，是指以印刷、複印、錄音、錄影、攝影、筆錄或其他方法直接、間接、永久或暫時的重複製作；而「公開傳輸」是指以有線電、無線電的網路或其他通訊方法，藉聲音或影像向公眾提供或傳達著作內容。

　　本件案例中，「小艾的隨想筆記」粉專經營者，就是在未經著作權人 Emily 的同意下，以複製的方式重製了 Emily 的插畫，並且以公開傳輸方式提供給公眾閱覽，因此，該粉專經營者可能已經涉嫌侵害 Emily 的重製權以及公開傳輸權。

　　依《著作權法》第 84 條規定，著作權人對於侵害其權利者，得請求排除之，有侵害之虞者，得請求防止之；第 88 條規定，因故意或過失不法侵害他人之著作財產權者，負損害賠償責任；第 91 條及第 92 條更規定，擅自以重製或公開傳輸等方法侵害他人之著作財產權者，得處 3 年以下有期徒刑、拘役，或科或併科新臺幣 75 萬元以下罰金。

　　本件案例中，「小艾的隨想筆記」粉專經營者，一旦被認定構成侵害 Emily 的重製權與公開傳輸權，Emily 除得要求粉專經營者停止侵害行為以外，民事部分得向侵權行為人

請求損害賠償，且該侵權行為人更有可能必須承擔刑事責任。

註明來源出處 只能證明自己非著作人

值得一般網友注意的是，「小艾的隨想筆記」粉專經營者雖然表示在文章末端都有註明插畫的來源出處，而主張自己是合理使用、並非冒用，但註明來源出處，與是否是合理使用，是不同的概念。

註明來源出處至多只能證明沒有對外主張自己為著作人，而沒有侵害著作權人的著作人格權，但不表示可以未經著作權人許可就使用其著作。

如果要主張自己屬於合理使用，網友們就必須符合《著作權法》第 44 條至第 65 條規定，尤其必須注意第 65 條第 2 項規定。因此，假如「小艾的隨想筆記」粉絲專頁是基於商業目的而經營，就很難自稱是合理使用 Emily 所創作的插畫。而即使該粉絲專頁可證明是非營利目的之經營性質，還是必須衡量所使用的插畫在整篇文章中所占的比例、質量等因素，才能決定是否可構成合理使用。（可透過「全國法規資料庫」進一步了解著作權法第 65 條第 2 項法規」）

11 歲小孩偷刷卡父母須買單？

番外5

未成年子女偷刷父母的信用卡購物，事後家長以不知情為由拒絕付款，但商家若能舉證，買賣契約仍屬有效，父母必須支付款項。

法律小故事 ┃ 未成年子女偷刷卡 家長須代為償還？

　　阿雄夫妻兩人因工作忙碌，平日都將現年 11 歲、就讀小學 5 年級的女兒，託付給父母代為照顧。最近 3 個月，阿雄的太太接連發現信用卡帳單繳款金額超出平日許多，對帳後才發現，有多筆網購商品不是夫妻兩人所買，經詢問後，女兒才承認是她上網購買偶像團體周邊商品、遊戲點數、文具用品及零食……總計達 10 多萬元。

　　女兒未經大人許可、擅自使用信用卡網購，這讓阿雄夫妻兩人氣炸了，他們不想支付這些費用，於是逐一打電話向賣家要求退款，結果卻不如他們所預期，搞得夫妻倆非常苦惱，不知如何是好。

為滿足大眾的消費需求，信用卡支付程序變得越來越便利。以往購物結帳時，持卡人須親自簽名，現在已發展為 3,000 元以內的小額消費，只要輸入信用卡卡號、有效期限及安全碼，再搭配手機驗證碼、動態驗證碼等，即可完成付款，也因此常發生小孩拿父母的信用卡刷卡網購，而家長們卻毫不知情。

事發後，許多家長以不知情為由拒絕付款，但父母們真的可以不買單嗎？依照《民法》規定：「未滿 7 歲之未成年人，無行為能力。」、「滿 7 歲以上之未成年人，有限制行為能力。」、「滿 18 歲為成年。」案例中阿雄的女兒今年 11 歲，屬於「限制行為能力人」，其締結的契約屬於「效力未定」的狀態，因此她的網路購物行為，和成年人的效力不同。

未成年子女偷刷卡 契約是否成立有 3 關鍵

若進一步分析，信用卡消費涉及 3 個法律層面：①持卡人與發卡銀行成立辦理信用卡契約；②持卡人與賣家成立買賣契約；③發卡銀行先付款給賣家，最後才由持卡人償還買賣價金給銀行。而未成年子女刷卡購物，買賣契約是否成立

有下列 3 關鍵。

關鍵 1：家長是否承認契約關係的存在。簡單來說，發卡銀行是根據持卡人與賣家的買賣契約才付款，假如這個契約關係，是由未成年或「限制行為能力人」所做成，家長又不承認這個契約的存在，在買賣關係無法成立的前提下，家長可主張不買單。

關鍵 2：購買商品是否符合其年齡、身分與日常所需。至於案例中小女孩刷卡網路購物，所成立的買賣契約效力如何？關鍵在於各個買賣契約中所購買的物品是什麼？價格是多少？對小學生而言，她所買的商品是否「依其年齡及身分、日常生活所必需」？也就是說，買賣契約效力應視當時的時空背景，並衡量一般人對消費支出的標準而定，哪些是非家用物品，哪些是不符合小學生需求的商品，父母可否拒絕付款，這就有討論空間。

關鍵 3：賣家是否可舉證未成年使用詐術。值得注意的是，如果賣家指稱「既然小孩可以刷爸媽的卡，相信已經取得爸媽同意」，這對阿雄夫妻就較為不利。因為按照《民法》規定，若「限制行為能力人」施用「詐術」，使他人相信自

己為完全行為能力人，或使他人相信已得到法定代理人的允許，小女孩的法律行為就會「有效」，法定代理人不能以拒絕承認的方式否認法律行為的效力。

然而，賣家想要主張對自己有利的事實，就要負擔舉證責任，因此賣家應舉證小孩有施用詐術，讓他們誤信她已滿 18 歲，或已取得父母的允許，才能主張買賣契約成立，並要求阿雄夫妻付款。

按照常理來說，父母通常不會同意小孩花費鉅額購物，所以如果家長事前不知情，事後拒絕承認該買賣契約，買賣行為即無效，就如案例中阿雄夫妻若逐一與賣家協商，雙方就應各自負擔返還金錢及商品的義務。

在此強調，為保護未成年人思慮不周，法律賦予法定代

未成年子女偷刷卡網購 3 狀況		
狀況	買賣契約效力	解決方式
父母不知情並拒絕承認買賣契約	無效	父母須返還商品、賣家須退還價金
購買商品為日常生活所需，並符合購買者之年齡、身分	有效	—
未成年子女使用詐術讓賣家相信自己已成年或取得父母同意	有效	

理人為子女把關的權利，但如果父母動不動就以契約無效，請求賣家退款，也會造成市場交易的困擾，因此家長必須負起責任，不要讓便利的信用卡支付功能，變成生活中的麻煩！

早點知道就好了

頂尖律師教你 51 個超實用金錢法律常識

作者：建業法律事務所 資深法律顧問團隊
金玉瑩、張少騰、余佳璋、林心瀠、馬傲秋、
李育錚、蔡宜靜、楊薪頻、黃品瑜

總編輯：張國蓮
責任編輯：周大為、李文瑜、周明芳
美術設計：謝仲青
封面攝影：張家禎

董事長：李岳能
發行：金尉股份有限公司
地址：新北市板橋區文化路一段 268 號 20 樓之 2
傳真：02-2258-5366
讀者信箱：moneyservice@cmoney.com.tw
網址：money.cmoney.tw
客服 Line@：@m22585366

製版印刷：緯峰印刷股份有限公司
總經銷：聯合發行股份有限公司

初版 1 刷：2023 年 10 月
初版 3 刷：2024 年 3 月

定價：420 元

國家圖書館出版品預行編目（CIP）資料

早點知道就好了：頂尖律師教你 51 個超實用金錢法
律常識 / 建業法律事務所著 . -- 初版 . -- 新北市：金
尉股份有限公司 , 2023.10
　面；　公分
ISBN 978-626-97440-8-4(平裝)
1.CST: 法律 2.CST: 稅法

580　　　　　　　　　　　　　112015748

Money錢

Money錢